불편한 진실을 마주할 용기

불편한 진실을 마주할 용기

2024년 5월 08일 서울대교구 교회인가
2024년 6월 10일 초판 1쇄 발행

지은이 | 박재신
편집 | 이만옥·조용종
디자인 | 지화경
펴낸이 | 이문수
펴낸곳 | 바오출판사

등록 | 2004년 1월 9일 제313-2004-000004호
주소 | 고양시 일산동구 일산로205 204-402
전화 | 031)819-3283 / 문서전송 02)6455-3283
전자우편 | baobooks@naver.com

ISBN 978-89-91428-69-0   03230

불편한 진실을 마주할 용기

The courage to face the inconvenient truth

함께하는 성장과 행복

한국가톨릭문화연구원

7

박재신 지음

바오

차례

II. 불편한 진실을 마주할 용기

간행사

사회 변화는 보통 내부에서 시작됩니다. 내부에서 축적된 변화의 욕구들로 더 이상 견디기 힘들 때 외부로 표출됩니다. 그리고 외부로 나타난 변화는 저항을 통해 순화되고 조정되어 사회의 제도로 자리 잡는 것이 일반적입니다. 그러나 꼭 그렇게 진행되는 것만은 아닙니다. 가끔은 변화를 희망하지만 그 욕구가 무르익기도 전에 피해갈 수 없는 외적 환경이 사회의 변화를 이끌어내기도 합니다. 전 세계를 휘몰아쳤던 코로나 팬데믹이 바로 그러한 사례입니다.

우리는 이제 팬데믹 시대를 벗어나 많은 학자들이 예견했던 '뉴노멀'이라는 새로운 기준을 찾아가는 시점입니다. 문화는 항상 변화하고 있으며, 그 중심에는 현실에서 삶을 살아가는 우리가 있고 사회의 흐름이 있습니다. 그러므로 '뉴노멀'이라는 새로운 문화의 기준이 정착할 때까지는 많은 혼돈과 어려움이 있을 것으로 예상됩니다.

1985년 8월 김수환 추기경님의 후원으로 설립한 '한국가톨릭

문화연구원'에서는 팬데믹으로 나타나는 변화의 방향을 가늠해 보고자 2020년 평화방송과 공동으로 〈팬데믹과 한국 가톨릭교회〉라는 주제로 심포지엄을 개최한 바 있습니다. 변화된 시대는 변화된 선교방식과 사목 패러다임을 요구합니다. 그리고 이를 위해서는 우리 삶의 모든 분야 곧, 삶의 실제적 상황에서 일어나는 시대적 징표를 제대로 읽어내야 합니다. 특히 교회의 입장에서는 시대적 징표를 살펴보고, 종합하여 하느님의 뜻을 찾아내는 일을 선도적으로 하여야 합니다. 그래야 바로 오늘에 적합한 신앙 실천의 방법론을 모색할 수 있고, 신자들은 그 실천으로 '지금 여기'에서 신앙인으로 성장할 수 있기 때문입니다. 이것이 바로 오늘날 절실한 '새로운 복음화'와 '새로운 사목'의 실천이며, 다르게 표현하면 '문화의 복음화'와 '문화사목'의 실천인 것입니다.

이러한 취지에서 앞으로 한국가톨릭문화연구원은 우리 사회에서 일어나는 다양한 사회 이슈와 문화 현상을 교회적 시각으로 해석하고 분석하여 신앙생활에 도움이 되고자 합니다. 물론 시중에는 신앙생활에 도움이 되는 교회서적이 적지 않습니다. 그러나 대부분 영성 관계 서적의 비중이 높은 반면 급변하는 일상 문화 안에서 생활하는 신앙인들에게 각각의 문화사회적 현상에 대한 신학적·윤리적 반성과 의미를 제공하는 서적은 그다지 많지 않습니다. 따라서 한국가톨릭문화연구원은 사제와 평신도, 수도자를 가리지 않고 우리 교회와 신앙인들에게 반드시 필요한 다양한 의견과 주장, 반성을 담은 소책자 시리즈를 꾸준히 간행할 예정입니다.

누구나 어려움에 처했을 때는 자신의 정체성에 대해 생각하기 마련입니다. 곧 가톨릭 신자, 혹은 이 시대를 살아가는 사람으로서 '나는 누구인가' 하는 점입니다. 또한 사회적 이슈에 대해 교회 정신에 입각한 성찰과 반성이 존재할 때 비로소 신앙 실천이 구체화될 수 있다고 봅니다. 아무쪼록 간행되는 소책자 시리즈가 여러분에게 신앙과 사회를 다시 생각해볼 수 있는 의미 있는 기회를 마련해주었으면 좋겠습니다.

2024년 5월
김민수 이냐시오 신부

우리의 삶을 멋진 모험이 되게 하는 아름다운 비결이 여기 있습니다.

공동체 안에서 우리는 앞을 바라보도록 서로 도움을 줍니다.

함께 꿈꾼다는 것이 얼마나 중요합니까?

꿈은 함께 이루는 것입니다.(『모든 형제들』 8)

그동안 잘 지내셨나요?

프란치스코 교황의 회칙 『모든 형제들』과 세상 속 이야기를 연결하기 위한 작은 시도였던 『서로와 모두를 위해』를 출간한 지어느새 3년이 지났습니다. "고단한 일상에도 불구하고 그리스도의 뜻에 따라 살고자 애쓰는 사람들, 시대의 아픔과 고통을 함께하며 어떻게 살 것인가를 고민하는 분들께 이 책이 따뜻하고 정의로운 세상으로 가는 작은 통로가 되길 바랍니다."라고 전했던 서문의 바람처럼 이제 다시 여러분께 안부를 묻습니다. "그동안 잘 지내셨나요?"

지난 시간 동안 어려운 시기를 보낸 많은 사람들과 함께하면서 힘듦에 대해 더 깊이 생각하게 되었습니다. 각자에게 주어진 고통의 무게가 누군가에겐 견디기 힘들 만큼 무거웠고, "조금만 더 견뎌보자."는 위로의 말조차 포기와 무기력으로 이어졌습니다.

이 과정에서 많은 사람들이 자신을 온전히 이해하지 못한 채 어려움을 겪고 있다는 사실을 확인하게 되었습니다. 자신을 온전히 이해하고 사랑하지 못하면 결코 타인을 이해하고 사랑할 수 없습니다. 자신의 생각이 견고해질수록 타인을 향한 마음은 자리를 잃어가기 때문입니다.

참된 사랑이 그 의미를 잃어가는 세상입니다. 사람들은 자신의 선한 본성을 잊은 채 끊임없이 세상과 충돌하면서 어떻게 살아가야 할지에 대한 답을 찾고자 애쓰고 있습니다.

> 사람아, 무엇이 착한 일이고 주님께서 너에게
> 요구하시는 것이 무엇인지 그분께서 너에게 이미 말씀하셨다.
> 공정을 실천하고 신의를 사랑하며 겸손하게
> 네 하느님과 함께 걷는 것이 아니냐?(미카 6,8)

이번 책『불편한 진실을 마주할 용기-함께하는 성장과 행복』은 자기 존재의 의미와 삶의 방향성에 관해 고민하는 사람들과 그 여정을 함께하고자 합니다. 『서로와 모두를 위해』와 『모든 형제들』을 읽고 이해하는 데 그치지 않고 이를 바탕으로 구체적인 실천 방안을 제안하고자 합니다. 더불어 이 여정을 통해 가톨릭 정신의 소중함과 아름다움이 가톨릭 신자뿐만 아니라 더 많은 사람들에게 전달되어 따뜻하고 정의로운 세상을 향해 함께 갈 수 있기를 희망합니다.

공동체의 성장과 행복을 위한 유앤아이 프로젝트

책 전체에 걸쳐 소개되는 유앤아이(UnI, Understanding and Insight 이해와 통찰) 프로젝트는 가톨릭 신앙의 가치와 신념을 바탕으로 우리가 함께 성장하며 행복할 수 있는 공동체를 만들기 위한 프로젝트입니다.

이 프로젝트는 인간은 하느님을 닮은 모습으로 창조되었다는 '이마고 데이(Imago Dei)'에서 출발합니다. '출발점은 하느님의 시선이 되어야 합니다. 하느님께서는 눈으로 보시는 것이 아니라 마음으로 보시기 때문입니다.'(『모든 형제들』 281)와 같이 이마고 데이는 가톨릭 신앙에 근거하지만 인간의 소중함을 강조한다는 점에서 우리 모두를 향한 보편적 개념이기도 합니다.

'가톨릭(catholic)'은 '보편적인' 혹은 '모든 이를 환영하는' 의미로 신앙을 넘어 모든 이를 포용한다는 매우 인간적인 가치를 지닌 단어입니다. 하느님의 사랑은 모든 사람에게 똑같습니다. 따라서 이 프로젝트 안에서 우리는 가톨릭 신자가 아니더라도 하느님을 닮아 서로가 모두에게 선하고 소중한 존재이며 공동체 안에서 관계적인 존재이고 서로를 지키며 평화를 이루는 존재임을 믿고 있습니다.

유앤아이 프로젝트를 진행하다 보면 다양한 공동체 안에서 많은 사람들을 만나게 됩니다. 이 중에는 주위에 깊은 관심을 갖고 자신이 해야 할 일에 좀 더 마음을 쓰는 사람과 주위에 무관심한 채 자신이 하고 싶은 일에 보다 집중하는 사람이 있습니다.

겉으로 보기에는 후자가 더 행복해보일 수 있습니다. 자신이 하고 싶은 일에 집중하는 사람은 자유롭게 자신의 삶을 즐기는 것처럼 보이지만 해야 할 일에 마음을 쓰는 사람은 자신과 주변을 살피느라 힘들어 보이기 때문입니다. 그렇다면 "행복이란 과연 무엇일까요? 자신이 하고 싶은 대로 하고 살면 정말 행복해질까요?"라는 질문을 던져봅니다.

프란치스코 교황은 '인간이 자신에게서 벗어나 다른 이를 향할 때 사랑은 모든 이의 마음속 깊이 함께하며 존재의 폭을 넓혀줍니다.'라며 함께하는 행복의 중요성을 말씀하셨습니다. 행복은 우리가 속한 공동체 안에서 다른 사람들과 함께 성장하며 소통할 때 비로소 더 풍요롭고 의미 있는 모습으로 다가오는 것입니다.

이와 같이 유앤아이 프로젝트는 공동체성에 기반한 솔루션을 제안합니다. '인간 존재는 자신을 아낌없이 내어주지 않으면 충만에 이를 수 없도록 만들어졌습니다. 다른 이들과 소통할 수 없다면 나 자신과도 소통할 수 없으며, 다른 이들과 관계가 없다면 아무도 삶의 참다운 아름다움을 경험할 수 없습니다.'(『모든 형제들』87)는 말씀처럼 우리는 자기 행복에 대한 집착과 자기 이익에 갇혀서는 결코 진정한 행복에 이를 수 없음을 알고 있습니다.

공동체성은 어떤 거대한 정신과 가치를 필요로 하는 것이 아닙니다. 나와 다른 상대방을 진심으로 이해하고, 배려하며 수용하는 데서 시작하는 사랑과 평화의 마음입니다.

유앤아이 프로젝트⁻경험하기 · 성찰하기 · 실천하기

유앤아이 프로젝트는 인간의 본성과 행복의 본질 그리고 삶의 방향성에 관한 탐구를 통해 '나는 어떤 사람인가?', '행복이란 무엇인가?' 그리고 '나의 문제를 어떻게 해결하고 어떻게 더 나은 삶을 살아갈 것인가?'에 관한 답을 찾기 위한 도구로 유앤아이 본성 분석 도구를 소개합니다.

유앤아이 본성 분석 도구는 문제 해결의 최종 목표가 아닌 여정의 시작점입니다. 질문에 대한 답 또한 한 번에 얻을 수 있는 것이 아니라 지속적인 성찰을 통해 얻을 수 있는 과정임을 기억해야 합니다.

억지로 함께 살아갈 수밖에 없다고 느끼는 것과,

공동생활의 씨앗이 지닌 풍요로움과 아름다움을 소중히 여기는 일은

완전히 별개이기 때문입니다. 주변에 있는 형제자매들의 필요를

다시 발견한다면 얼마나 아름다울까요?(『모든 형제들』 31)

이 책의 'I장. 공동체의 성장과 행복을 위한 프로젝트'에서는 유앤아이 본성 분석 도구의 분석과 성찰 및 솔루션 과정을 다룹니다. 이 분석 도구는 보편적인 인간의 본성을 기반으로 각자의 본성을 찾기 위한 도구입니다. 분석 도구에서 나타난 네 가지 보편적인 본성은 다음과 같습니다.

- 타인을 향해 마음을 열고 타인의 시각으로 함께 세상을 바라보는 **'사랑본성'**
- 공감과 연민 그리고 배려의 마음으로 서로를 향해 다가가는 **'평화본성'**
- 유대를 형성하며 공동체 안에서 함께하는 **'관계본성'**
- 하느님의 사랑 안에 함께하는 존재로서 서로를 돌보는 **'책임본성'**

"모든 것은 서로 연결되어 있다."는 교황의 말씀처럼 우리는 공동체 안에서 함께하는 존재이며 공동체의 평화와 책임에 함께 참여해야 하는 보편적 본성을 지니고 있습니다. 우리는 유앤아이 본성 분석 도구를 통해 개인의 본성과 본성 간의 상호작용

을 분석하고, 그 안에서 자신의 타고난 본성과 사회적 본성 간의 관계를 탐구합니다.

또한 자신을 이해하는 데 그치지 않고, 그 결과를 통해 자신이 속한 공동체 안에서 자신이 '해야 할 일'과 '하고 싶은 일', 그리고 '할 수 있는 일'을 조율함으로써 균형과 조화를 통해 함께 성장하며 행복해지기 위한 길을 성찰하게 됩니다.

'II장. 불편한 진실을 마주할 용기'에서는 유앤아이 프로젝트 참여자들의 다양한 경험을 통해 그들의 구체적인 성찰 과정을 보여줍니다. 이들의 이야기에는 삶에 대한 고유한 해석과 관점이 담겨 있어 자신과 타인을 깊이 이해할 수 있는 기회를 갖게 됩니다.

가족, 학교, 직장, 그리고 신앙 공동체 안에서 일어나는 다양한 이야기를 통해 유앤아이 프로젝트 경험이 실제 삶 속에서 어떠한 변화를 가져왔는지 그 성찰 과정을 살펴보게 됩니다.

마지막으로 유앤아이 프로젝트에 기반한 강의와 연구를 바탕으로 '경험, 성찰, 실천'의 세 단계가 공동체의 삶 속에서 구체적으로 어떻게 실천되는지를 보여줍니다. 나아가 가톨릭 공동체뿐만 아니라 다양한 공동체 안에서 가톨릭의 소중하고 아름다운 가치를 전함으로써 많은 사람을 희망으로 초대하고자 했습니다.

삶을 더욱 아름답고 품위 있게 해주는

위대한 이상에 열려 있도록, 희망은 시야를 제한하는 개인의 안위,

사소한 안전이나 보상을 넘어 바라보는 법을 압니다.(『모든 형제들』 55)

이와 같이 이 책은 자신의 내면을 탐구하면서 공동체 안에서 의미 있는 삶을 찾아가는 여정을 안내합니다. 유앤아이 프로젝트를 통해 자신의 고유한 본성을 새롭게 발견하고 공동체 안에서 변화의 중요성을 깨달으며 자신의 역할을 고민하는 첫 걸음을 내딛게 될 것입니다.

고통은 이제껏 살아온 방식에서 벗어나 함께 살아가기 위한 방향전환의 시작이 될 수 있습니다. 묻어두었던 아픈 기억을 드러내고 받아들이기 어려운 부분을 인정하며 다른 이들에게 말하지 못했던 자신의 내면과 마주하는 일은 불편한 진실일 수 있습니다. 하지만 이러한 불편한 진실을 마주할 용기를 낼 때 우리는 전혀 다른 모습의 자신을 볼 수 있습니다. 세상과 다른 사람들의 기준에 휘둘리고 길들여진 자신의 모습이 아닌 소중한 존재로서의 자신을 새롭게 발견할 수 있는 것입니다.

이 여정에서 가장 중요한 것은 함께 나아가려는 마음입니다. 나의 고통을 바라보고 해결하기 위한 다양한 방법들이 존재한다는 사실을 받아들이려면 타인의 고통 또한 같은 마음으로 바

라볼 수 있어야 합니다.

'우리는 다른 사람을 결코 그가 한 말이나 행동에만 국한하여 바라보지 말고, 그 사람이 자신 안에 지니고 있는 하느님 약속을 보고 그를 소중히 여겨야 합니다. 이 약속은 언제나 희망의 빛을 비추기 때문입니다.'(『모든 형제들』228) 이 모든 용기와 노력으로 책의 마지막에 이르렀을 때 마침내 자신에게 꼭 필요한 솔루션을 함께 찾을 수 있기를 희망해봅니다.

이 책을 쓰는 동안 제가 속해 있는 소중한 공동체와 귀한 인연을 맺은 많은 분들께 깊은 감사를 드립니다. 부족한 글이 책으로 만들어질 수 있도록 많은 도움을 주신 한국가톨릭문화연구원 원장 김민수 이냐시오 신부님과 연구위원장 김영수 박사님 그리고 모든 연구위원 선생님들께 깊은 감사를 드립니다. 그리고 가톨릭교육에 관해 깊이 있는 학문적 성장으로 이끌어주신 가톨릭대학교의 최준규 신부님과 김경이 교수님 그리고 함께 공부하는 많은 신부님, 수녀님과 선생님들께 깊은 감사를 드립니다. 저의 영성과 교육의 시작에 함께 해주셨던 양경모 신부님과 차바우나 신부님 그리고 한마음한몸 운동본부 자살예방 센터의 전안나 선생님과 김남은 선생님께도 깊은 감사를 드립니다. 유앤아이 본성 분석 도구와 프로젝트를 개발하고 교육하는 데 애

써주셨던 위더스 교육연구소 연구원 선생님들, 귀찮은 부탁에도 매번 마다않고 도와주신 이승화 신부님, 김홍주 신부님, 양지영 수녀님, 신승화 수녀님, 그리고 박형민 교수님께도 깊은 감사를 드립니다.

그리고 바쁜 시간을 쪼개어 부족한 원고를 함께 검토해주신 민범식 신부님과 황인수 신부님께도 깊은 감사의 마음을 전합니다.

언제나 스승이자 동반자로 학문적으로 또 영성적으로 저를 성장하게 해준 남편 오지섭 사도요한과 언제나 저의 든든한 지지자이며 조언자가 되어주는 사랑하는 딸 오한나 요한나에게 깊은 사랑과 감사를 전합니다. 마지막으로 제 글의 시작과 끝에서 언제나 저의 수호천사가 되어주신 하늘에 계신 저의 아버지 박윤배 베드로님께 깊은 그리움을 전합니다.

박재신 요셉피나

성 프란치스코의 평화의 기도

주님,

저를 당신의 도구로 써주소서.

미움이 있는 곳에 사랑을,

다툼이 있는 곳에 용서를,

분열이 있는 곳에 일치를,

의혹이 있는 곳에 신앙을,

그릇됨이 있는 곳에 진리를,

절망이 있는 곳에 희망을,

어두움에 빛을,

슬픔이 있는 곳에 기쁨을

가져오는 자 되게 하소서.

위로받기보다는 위로하고,

이해받기보다는 이해하며,

사랑받기보다는

사랑하게 하여주소서.

우리는 줌으로써 받고,

용서함으로써 용서받으며,

자기를 버리고 죽음으로써

영생을 얻기 때문입니다.

I

공동체의 성장과
행복을 위한
프로젝트

* 우리는 유앤아이 분석도구를 통해 자신의 본성에 기반한 생각과
말과 행동의 기본 동기를 탐구합니다. 이 과정은 공동체 내에서
자신이 해야 할 일과 하고 싶은 일, 그리고 할 수 있는 일을 이해
하고 공동체 구성원으로 함께 성장하고 행복을 찾기 위한 실천
과정으로 이어집니다. 이를 위해 우리는 유앤아이 프로젝트에서
설명하는 인간의 본성과 행복의 본질 그리고 실천과정에 관해
살펴보겠습니다. (저작권 등록번호: 제C-2016-023325호)
유앤아이(UnI)는 이해와 통찰)(Understanding and Insight)의
기본 의미와 함께 관계에서 너와 나(You and I)의 의미를 함축
하고 있습니다.

유앤아이 프로젝트

1

1. 인간의 본성-'우리는 누구인가?'

유앤아이 프로젝트는 '이마고 데이(Imago Dei)'를 중심으로 인간의 본성을 탐구합니다. 이마고 데이는 가톨릭 신앙에 기반한 개념으로 모든 인간은 하느님의 모습으로 창조되었으며 우리 모두는 하느님을 닮아 선하고 소중한 존재임을 강조합니다. 이는 가톨릭 신자뿐만 아니라 모두에게 적용되는 보편적인 개념이기도 합니다. '가톨릭(catholic)'이라는 단어는 '보편적인' 혹은 '모든 이를 환영하는' 의미로 신앙을 넘어 모든 이를 포용한다는 매우 인간적인 가치를 나타내기 때문입니다.

프란치스코 교황은 첫 번째 회칙 『신앙의 빛』(2013)에서 사랑의 힘을 강조했습니다. 이 사랑은 타인을 향해 마음을 열고 타인의 눈을 통해 세상을 볼 수 있는 단단하고 따뜻한 힘이 됩니다. 우리는 사랑으로 유대를 형성하고 관계를 발전시키며 공동체 안에서 함께하는 소속감을 갖게 됩니다.

또한 교황은 회칙 『찬미받으소서』(2015)를 통해 타인에 대한 공감과 연민 그리고 배려의 마음을 가질 것을 강조했습니다. 이를 통해 우리는 서로를 향해 열린 마음으로 평화를 이루게 됩니다. 만약 우리가 세상의 평화를 추구하면서 가까운 가족은 배려하지 않고 자신과 맞지 않는 타인을 배척한다면 그것은 모순에 불과하다고 했습니다. 우리는 하느님의 사랑 안에서 함께하는 존재이므로 책임감을 갖고 서로를 돌보아야 합니다.

"모든 것은 서로 연결되어 있다."는 교황의 말씀은 공동체적 특성을 잘 드러냅니다. 『모든 형제들』(2020)에서는 우리가 공동체 안에서 함께하는 존재라는 사실을 다시 강조합니다. 공동의 평화와 책임에 함께 참여해야 하는 보편적 공동체성을 갖는다는 것입니다. 이 모든 것을 향해 우리가 함께 갈 때에 공동체 안에서 함께 성장하며 행복할 수 있음을 의미합니다.

이와 같이 유앤아이 프로젝트에서는 인간을 사랑을 지닌 선하고 소중한 존재이며 공동체 안에서 관계적이고 서로를 존중하며 책임을 갖고 평화를 이루는 존재로 인식합니다.

　이러한 인간의 본성을 바탕으로 각 개인의 본성이 어떻게 나타나는지를 탐구하기 위해 유앤아이 본성 분석 도구를 활용합니다. 이 분석 도구는 개인의 본성과 본성들 간의 상호작용을 분석하여 본성이 각자의 성향과 환경에 어떻게 영향을 미치는지 보여줍니다. 더불어 유앤아이 본성 분석 도구는 '나는 누구인가?'라는 질문과 성찰을 통해 '우리는 누구인가?'라는 공동체성 탐구 영역에 함께 활용됩니다.

2. 공동체 행복의 본질 - '함께 행복하기 위해 우리는 무엇이 필요한가?'

공동체적 행복은 우리 자신을 성장시키고, 다른 이들을 향하여 우리를 열어줍니다.

'다른 이들과 인류 가족 전체의 선을 바라고 추구한다는 것은 개인과 사회가 온전한 인간 발전을 증진하는 도덕적 가치의 측면에서 성숙하도록 도와준다는 것을 뜻합니다.'(『모든 형제들』112)는 말씀처럼 유앤아이 프로젝트는 우리가 공동체 안에서 다른 사람들과 함께하며 소통할 때 비로소 풍요롭고 의미 있는 행복을 느낄 수 있다는 사실을 강조합니다.

유앤아이 프로젝트에서는 공동체의 성장과 행복을 이해하기 위해 다음과 같은 질문을 던져봅니다.

- 행복이란 무엇인가요?
- 당신은 지금 행복한가요? 그렇지 않다면 그 이유는 무엇인가요?
- 질문의 답에는 나만이 아닌 주위 사람들의 행복도 포함되어 있나요?
- 자신이 하고 싶은 대로 하고 살면 진짜 행복한가요?

이 질문들은 현재 주위 사람들을 함께 생각하며 우선적으로 '해야 할 일'에 마음을 쓰고 있는지 아니면 자신이 '하고 싶은 일'에 집중하고 있는지를 묻습니다. 누군가는 '나 혼자 행복하면 충분하지 왜 다른 사람들의 행복까지 고려해야 하나요?'라고 의문을 제기할 수 있습니다. 그렇다면 자신이 하고 싶은 대로 하고 살면 진정으로 행복한지 다시 생각해보고자 합니다.

유앤아이 프로젝트는 이러한 질문들의 답을 찾기 위한 솔루션으로 앞에서 언급한 인간의 본성에 근거하여 네 가지 보편적 본성을 제안합니다. 이것은 선하고 소중한 존재로서의 사랑본성, 관계적인 존재로서의 관계본성, 서로를 존중하며 공존하는 존재로서의 평화본성 그리고 서로를 지키며 공동체의 평화를 위해 책임을 다하는 존재로서의 책임본성으로 구성되어 있습니다.

사랑본성　관계본성　평화본성　책임본성

유앤아이 프로젝트에서 제안하는 공동체의 성장과 행복을 위한 네 가지 보편적 본성

　우리 안에는 네 가지 본성이 모두 내재되어 있지만 각자의 상황과 환경에 따라 이러한 본성들이 서로 다른 모습으로 드러날 수 있습니다. 어떤 사람들은 이 본성들을 충분히 표현하며 살아가지만 다른 사람들은 본성의 존재조차 인식하지 못한 채로 평생을 살아갈 수도 있습니다. 유앤아이 본성 분석 도구는 우리의 본성을 이해하고 회복하는 데 도움을 주는 도구로 각각의 네 가지 본성이 각각 개인에게 어떻게 나타나고 상호작용하는지를 확인합니다.

3. 공동체 행복의 실천 – '함께 행복하기 위해 우리는 무엇을 해야 하나?'

유앤아이 본성 분석 도구를 통해 우리는 자신의 내재된 본성과 이들 간의 상호작용에 기반한 인간의 본성을 탐구합니다. 유앤아이 프로젝트는 검사 결과를 이해하는 데 그치지 않고 지속되는 세 단계의 순환과정을 제안합니다.

이 과정에서 우리는 자신 안에 내재된 본성의 특성과 그들 사이의 상호작용을 경험하고 이를 통해 새로운 자신을 발견한 후, 다시 공동체의 관점에서 바라보며 성찰합니다. 그리고 이를 현실의 삶 속에서 실천함으로써 변화하고 성장하는 과정을 지속합니다.

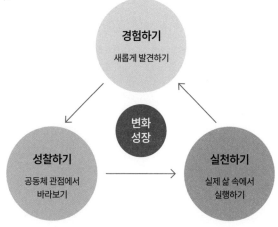

유앤아이 프로젝트가 제안하는 공동체의 성장과 행복을 위한 순환 3단계

① 1단계-경험하기

경험하기는 유앤아이 본성 분석 도구를 통해 이전에 몰랐던 자신의 모습을 본성(nature)이라는 새로운 관점에서 발견하는 과정입니다. 이 분석 도구는 우리 안에 내재된 15가지 본성의 특성과 이들 간의 상호작용에 초점을 맞춘 도구로 본성의 작용에 따른 자신의 생각과 말과 행동의 동기와 성향을 새롭게 발견할 수 있도록 도와줍니다.

② 2단계-성찰하기

성찰하기는 경험하기 단계에서 새롭게 발견한 자신을 다시 공동체의 관점에서 바라보는 과정입니다. 이 과정에서 우리는 자신에 대한 개인적인 이해를 넘어 타인에 대한 공감과 이해를 바탕으로 공동체 안에서 함께 성장하며 행복해지기 위한 방법을 성찰합니다.

③ 3단계-실천하기

공동체 관점에서 성찰한 내용은 현실 생활에 실제로 적용하는 실천하기 단계를 거치면서 변화하고 성장합니다. 유앤아이 프로젝트는 3단계 사이클 안에서 지속적인 경험을 통해 자신을 발건하고 새롭게 만들어가는 과정을 경험합니다.

   이와 같은 유앤아이 프로젝트에 관한 전체적인 이해를 통해
우리는 새롭게 자신을 발견하고 공동체 안에서 함께 성장하며
행복하기 위한 여정을 시작하게 될 것입니다.

Good Solution is

Not someone's Direction

But my own Reflection.

방문객

정현종

사람이 온다는 건

실은 어마어마한 일이다.

그는

그의 과거와

현재와

그리고

그의 미래와 함께 오기 때문이다.

한 사람의 일생이 오기 때문이다.

부서지기 쉬운

그래서 부서지기도 했을

마음이 오는 것이다-그 갈피를

아마 바람은 더듬어볼 수 있을

마음.

내 마음이 그런 바람을 흉내 낸다면

필경 환대가 될 것이다.

경험하기

2

1. 유앤아이 본성 분석 도구 - 알아보기

유앤아이 본성 분석 도구 Outline

1. 유앤아이 본성 분석 도구 소개

유앤아이 본성 분석 도구는 개인의 내재된 본성과 그 본성 간의 상호작용을 통해 자신을 탐구하고 통찰하는 도구로 유앤아이 프로젝트 과정에서 함께 진행하는 도구입니다.

2. 유앤아이 본성 분석 도구 목표

유앤아이 본성 분석 도구는 자신이 선택한 단어의 상호작용을 통해 본성을 분석하며, '나는 어떤 사람인가?' '나에게 행복이란 무엇인가?' '나의 문제를 어떻게 해결하고 어떻게 더 나은 삶을 살아갈 것인가?'에 관한 답을 찾아가는 도구입니다. 유앤아이 본성 분석 도구는 문제 해결의 최종 목표가 아닌 시작점이며 통찰과 성찰 과정을 통해 지속적인 성장을 이루도록 돕습니다.

3. 유앤아이 본성 분석 도구 내용

유앤아이 본성 분석 도구를 통해 우리는 본성의 관점에서 이미 알고 있던 자신과 다른 새로운 모습의 자신을 발견하고 이해하게 됩니다. 이 분석 안에서 자신이 '해야 할 일'과 '하고 싶은 일' 그리고 '할 수 있는 일'의 균형과 조화를 통해 자신이 속한 공동체 조직 안에서 함께 성장하기 위한 길을 탐색합니다.

* 유앤아이 본성 분석 도구에는 베이직 단계, 심화 1단계, 심화 2단계, 세 가지 종류가 있습니다. 이 책에서는 그 중 '자신이 바라보는 자신'을 분석하는 베이직 단계를 중심으로 다룹니다.

유앤아이 본성 분석 도구-베이직

■ 분석방법

자신을 나타내는 단어를 '**모두**' 선택해주세요.

1.	선한	따뜻한	정	연민	행복
2.	함께	공감	배려	포용	외로운
3.	안정	유연한	평온한	수용	우유부단
4.	사명	인내	끈기	성실	노력
5.	즐거운	재미있는	편안한	쉼	나 중심적
6.	차분한	객관적	계획적	사고력	걱정
7.	강한	추진력	솔직한	자기 주도적	화(버럭)
8.	정성	감동	섬세한	예민한	우울
9.	흥미	열망	활기찬	도전	지친
10.	명예	성공	성장	칭찬	불확실성
11.	단순한	유머	여유	자신감	낙천적
12.	원칙	일관성	신중한	윤리적	고지식
13.	융통성	상상력	독립적	오픈 마인드	답답함
14.	호기심	창의성	개성	다양성	직관력
15.	회피	무기력	포기	갈등	불안

2. 유앤아이 본성 분석 도구 - 분석하기

유앤아이 본성 분석 도구 분석지

파트1		보편적 본성				
1	사랑본성	선한	따뜻한	정	연민	행복
2	관계본성	함께	공감	배려	포용	외로운
3	평화본성	안정	유연한	평온한	수용	우유부단
4	책임본성	사명	인내	끈기	성실	노력
5	편함본성	즐거운	재미있는	편안한	쉼	나 중심적
파트2		**에너지 본성**				
6	이성본성	차분한	객관적	계획적	사고력	걱정
7	행동본성	강한 추진력	솔직한	자기 주도적	화(버럭)	
8	감성본성	정성	감동	섬세한	예민한	우울
파트3		**탈렌트 본성**				
9	열정본성	흥미	열망	활기찬	도전	지친
10	인정본성	명예	성공	성장	칭찬	불확실성
11	긍정본성	단순한	유머	여유	자신감	낙천적
12	신념본성	원칙	일관성	신중한	윤리적	고지식
13	자유본성	융통성	상상력	독립적	오픈 마인드	답답함
14	독특함본성	호기심	창의력	개성	다양성	직관력
파트4		**부정 본성**				
15	부정본성	회피	무기력	포기	갈등	불안

유앤아이 본성 분석 도구는 우리 안에 내재된 본성의 작용을 기
반으로 한 도구입니다. 유앤아이 본성 분석 도구는 크게 '보편적
본성', '에너지 본성', '탈렌트 본성', '부정 본성'의 네 부분으로 구
성되어 있으며, 구체적으로 15개의 본성과 각 본성을 나타내는
5개의 단어로 이루어져 있습니다.

우리는 본성의 의미와 본성 간의 상호작용을 통해 각자의 타
고난 본성과 사회적 본성을 파악하고, 이에 기반하여 공동체 안
에서 자신이 '해야 할 일'과 '하고 싶은 일' 그리고 '할 수 있는 일'
의 균형과 조화를 이루는 과정을 성찰할 수 있습니다.

■ 파트1 – 보편적 본성

그리스도께서 우리 각 사람을 위하여 피를 흘리셨고, 그러하기에 어느 누구
도 그 보편적 사랑에서 제외되지 않는다는 사실을 믿습니다.(『모든 형제들』85)

- 보편적 본성은 이마고 데이에 기반한 인간의 본성에 따라 우리 모두가 갖고 있는 본성을 의미합니다.
- 우리는 선하고 소중한 존재로서 사랑본성을 갖고 있으며, 우리가 속해있는 공동체 안에서 관계본성을 지니고, 평화본성에 따라 서로를 지키며 공동체의 평화를 위해 책임을 다하는 책임본성을 갖고 있습니다.
- 유앤아이 프로젝트는 공동체 안에서 우리가 함께 성장하며 행복해지기 위해 사랑본성과 관계본성을 잘 표현하고 평화본성을 위해 책임본성을 다해야 함을 전제로 합니다.

① 사랑본성

토마스 아퀴나스 성인은 사랑의 체험은 다른 사람을 자기 자신과 함께하는 존재로 여기고 그에게 관심을 쏟는 움직임이라고 설명했습니다. 이 모든 것은 존중과 인정에서 시작합니다. 사랑받는 존재는 나에게 귀한 사람입니다. 다시 말하면, 나는 그 사람이 커다란 가치를 지닌다고 여기는 것입니다.(『모든 형제들』93)

우리 모두는 선하고 소중한 존재로서 사랑본성을 갖고 있습니다. 하지만 자라온 환경과 처한 상황에 따라 사랑본성이 잘 드러나는 사람이 있고, 그렇지 않은 사람이 있습니다. 때로는 "그 사람이 정말로 사랑본성을 갖고 있는 걸까?"라는 의문이 생기는 사람조차 사랑본성을 갖고 있다고 믿습니다. 다만 자라온 환경으로 인해 그 사랑이 제대로 표현되지 못하거나 왜곡되어 나타나는 경우라고 생각합니다.

● 사랑본성이 잘 드러나지 않는 경우

자신이 원하는 만큼 충분한 사랑을 받지 못했거나 현재 사랑이 충족되지 않을 때 사랑본성이 잘 드러나지 않을 수 있습니다. 부모님으로부터 충분한 사랑을 받지 못했다고 느끼거나 혹은 부모님의 사랑이 내가 원하는 사랑의 모습과 맞지 않았다면 내면에서 사랑의 부족함을 느끼기 때문입니다. 이 경우 내가 원하는 사랑을 충족시켜주는 사람을 만나게 되면 내재되어 있던 사랑본성은 다시 잘 드러날 수 있습니다.

● 연민

주님께서는 우리에게 고통 앞에서 그 어떤 사람에게라도 가까이 다가가라고 요구하십니다. 나는 도와줄 이웃이 있다고 말하는 것이 아니라 나 자신이 먼저 다른 이들의 이웃이 되어야 합니다.(『모든 형제들』81)

사랑본성 안에서 연민은 타인에 대한 깊은 이해와 고통을 함께 나누는 마음입니다. 힘들어하는 사람을 외면하지 않고 진심으로 다가가 기꺼이 그 고통을 함께 나누고자 하는 마음입니다.

● **행복**

다른 단어와 함께 행복을 선택한 경우 현재 '행복하다'는 의미이지만, 반대로 다른 단어를 전혀 선택하지 않고 행복만 선택한 경우 '행복하고 싶다'라는 마음이 담겨 있습니다. 이 경우 스스로 행복의 의미에 관해 질문을 던지며 성찰하는 시간을 가져봅니다.

성찰 질문	나에게 행복이란 어떤 의미인지 생각해봅니다. (어린 시절부터 지금까지 구체적인 상황과 느낌으로 행복을 묘사해봅니다.)

② 관계본성

기뻐하는 이들과 함께 기뻐하고 우는 이들과 함께 우십시오. 이러한 마음의 자세를 갖출 때 우리는 다른 이들과 자신을 동일시 할 수 있습니다.(『모든 형제들』 84)

우리 주위에는 주변에 깊은 관심을 갖고 자신이 해야 할 일에 애쓰는 사람과 주변에 무관심한 채 자신이 하고 싶은 일에 집중하는 사람이 있습니다. 유앤아이 본성 분석 도구에서 관계본성은 MBTI에서 말하는 I 혹은 E 성향처럼 혼자 있는 것 혹은 함께 있는 것을 좋아하는 선호도와 관련된 것이 아닙니다.

관계본성은 우리는 항상 공동체와 연결되어 있으며 개인의 행복 또한 공동체의 행복과 연결되어 있음을 강조하는 본성입니다. 공동체 안에서 서로 공감하고 배려할 때 온전히 행복할 수 있다고 믿는 마음입니다.

● 관계본성이 잘 드러나지 않는 경우

사랑본성은 잘 드러나는데 관계본성이 드러나지 않는 경우는 주는 사랑보다 받는 사랑에 익숙한 경우일 수 있습니다. 이는 자기중심적인 사랑을 의미합니다. 자기중심적인 사랑은 이기적인 마음과는 조금 다릅니다.

사랑하는 사람을 위해 최선을 다하지만 상대방이 원하는 것이 아닌 자기방식대로 사랑하는 것을 의미합니다. 이러한 태도는 오히려 상대방을 힘들게 하고 상처를 줄 수 있습니다. 나는 상대방을 공감하고 배려한다고 생각하지만 나 중심적인 경우 상대방은 나의 배려와 공감을 느끼기 어렵기 때문입니다.

● 외로움

관계본성 안에서 외로움은 두 가지 형태로 나타날 수 있습니다.
하나는 누군가를 그리워하는 마음이 큰 경우로 함께하는 것을
좋아하는 만큼 혼자 있는 것을 힘들어하는 마음입니다. 다른 하
나는 공동체 안에서 타인을 공감하고 배려하며 포용하는 만큼
자신은 공감과 배려와 포용을 받지 못한다고 느끼면서 외롭고
힘든 경우입니다.

성찰 질문	나에게 외로움이란 어떤 의미인지 생각해봅니다. (구체적인 상황과 느낌으로 외로움을 묘사해봅니다.)

③ 평화본성

우리는 마음속 차가운 판단, 치유되지 않은 상처, 용서받지 않은 잘
못, 나를 아프게 할 뿐인 원망, 이러한 것들이 자기 마음을 어지럽히
는 갈등의 파편이라는 것을 깨달아야 합니다. 참다운 화해는 갈등을
피하지 않습니다. 참다운 화해는 오히려 갈등 속에서, 대화와 투명
하고 성실하고 인내로운 협의를 통하여 갈등을 극복함으로써 얻어
지는 것입니다.(『모든 형제들』243~244)

평화본성은 사랑본성과 관계본성이 조화롭게 어우러져 우리가 함께하는 공동체와 그 구성원들의 평화를 추구하는 마음을 의미합니다. 평화는 아름답지만 평화를 이루는 과정은 힘들고 치열합니다.

자신의 내적 평화를 희생하지 않으면서 모두의 평화를 이루는 조화가 중요합니다. 이러한 조화는 무리한 시도나 지나친 강요를 하지 않으면서 자유롭게 인간다움을 실천하는 상태를 의미합니다. 이는 이상적인 평화보다는 일상의 삶에서 타인을 공감하고 배려하는 마음으로 시작합니다.

● 평화본성이 잘 드러나지 않는 경우

평화는 다양한 의미를 가지고 있지만 본성에 따라 '불안이 없는 안정적인 상태'나 '갈등이 없는 편안한 상태'를 나타냅니다. 이러한 안정과 편안함이 깨어질 때 내재된 불안본성이 드러나면서 어려움을 겪게 됩니다.

모두를 위한 평화는 중요하지만 자신의 내적 평화 또한 중요하다는 점을 기억해야 합니다. 힘들 때에는 일시적으로 '거리두기'와 같은 조절 방법이 필요하며 그렇지 않을 경우 오히려 공동체 안에서 관계의 갈등과 단절로 이어질 수 있습니다.

● 우유부단

평화본성을 중요하게 여기는 사람은 유연함과 부드러움으로 다른 사람들을 수용하지만 매번 평화를 위해 노력하는 것은 쉽지 않습니다. 모두의 평화를 위해 자신의 의견을 표현하지 않는다면 겉으로 드러나지 않더라도 내면에 우유부단으로 인한 불편함이 존재합니다. 그러나 평화본성 안에서 우유부단은 단순히 이러지도 저러지도 못하는 수동적 태도라기보다는 타인을 우선 배려하려는 마음이 내재되어 있습니다. '나는 왜 우유부단할까?'라는 고민 대신 자신의 마음을 인정하고 상황에 따라 조금씩 조절해가는 노력이 필요합니다.

성찰 질문	우유부단을 선택한 경우, 나에게 우유부단이란 어떤 의미일까요?(구체적인 상황과 느낌을 설명해봅니다.)

④ **책임본성**

헌신적인 봉사는 하느님 앞에서 자기 삶 안에서 큰 만족이고, 그런 이유로 의무이기도 합니다. 책임은 우리 모두에게 있습니다.(『모든 형제들』79)

유앤아이 프로젝트에서 우리는 공동체 안에서 서로를 지켜주며 공동선을 향해 함께하는 존재입니다. 공동선을 위한 책임본성은 강요가 아닌 자유의지로 선택하는 마음이며, 이때 자유의지는 올바른 타자성과 공동체성을 우리에게 요구합니다.

● **책임본성이 잘 드러나지 않는 경우**

자신의 편함 본성을 함께 생각해봅니다. 편함 본성은 해야 할 일에 대한 책임보다 본성적으로 편함을 선호하거나 반대로 자신에게 주어진 책임의 무게가 너무 커서 잠시 벗어나 편함을 선택하고 싶은 마음을 나타냅니다.

　만약 책임본성에서 사명 하나만을 선택하고 다른 단어를 선택하지 않은 경우 공동체 안에서 책임에 대한 마음은 크지만, 실제로 실천하기 위한 인내, 끈기, 성실이 부족한 힘든 상황일 수 있습니다.

성찰 질문	사명을 선택한 경우, 나에게 사명이란 구체적으로 어떤 의미일까요?(구체적인 상황과 느낌을 설명해봅니다.)

⑤ **편함 본성**

편함 본성은 힘들게 애쓰기보다 즐겁고 편한 것을 선호하는 본
성입니다. 인간의 본성은 즐겁고 편한 길을 선호합니다. 가능하
다면 우리는 편한 길을 선택하고 싶어 합니다.

　'생각하는 대로 살지 않으면 사는 대로 생각하게 된다.'고 했습
니다. 유앤아이 프로젝트 관점에서 '생각하는 대로 사는 것'은 공
동체 안에서 주위에 관심을 갖고 '해야 할 일'을 하며 함께 살아
가는 삶을 의미하며, '사는 대로 생각하는 것'은 자신에게 집중하
며 본능에 따라 '하고 싶은 일'을 하며 사는 삶을 의미합니다.

■ **파트2 - 에너지 본성**

- 에너지 본성은 일과 관계에서 주로 어떤 에너지를 표현하거
나 활용하는지를 나타냅니다.
- 에너지 본성에는 이성과 사고에 중심을 두는 이성본성, 행동
과 실천에 중심을 두는 행동본성, 감성과 관계에 중심을 두는 감
성본성이 있습니다.
- 이성, 행동, 감성 본성이 조화롭게 발휘되는 것이 가장 이상적
이지만 종종 한 가지 본성이 두드러질 때가 있습니다. 자신의 주
요 본성을 파악하려면 스트레스 상황에서 걱정, 화, 우울 중 어떤

감정이 가장 두드러지게 나타나는지를 통해 알 수 있습니다.

⑥ 이성본성

이성 본성을 가진 사람은 판단력과 사고력을 활용하여 일과 관계에서 논리적으로 접근하는 것을 선호합니다. 업무를 차분하고 계획적으로 처리하고 문제 해결 시에는 객관적이고 분석적인 방식을 선호하는데, 이러한 효율적인 해결방식은 위로가 필요한 감성 본성을 가진 사람의 경우 의도치 않게 상처를 줄 수 있습니다.

● 걱정

이성본성 안에서 걱정은 모든 상황을 완벽하게 검토하도록 고려하는 성향입니다. 따라서 계획했던 일들을 실제 행동으로 옮기기 어렵게 만들 수 있습니다. 이러한 걱정은 내면에 머무르며 겉으로 드러나지 않아 주변 사람들이 쉽게 인지하기 어렵습니다. 검사에서 걱정을 선택한 경우 평소에 걱정이 많은 성향이거나 혹은 현재의 상황이 예상대로 이루어지지 않아 힘든 상황임을 의미합니다.

⑦ 행동본성

행동본성을 가진 사람은 이성본성을 가진 사람에 비해 계획한 일을 실천하는 능력이 뛰어납니다. 자신의 결정에 자신감을 갖고 주도적으로 행동하는 특징이 있습니다. 또한 그들은 스트레스를 참기보다 바로 표출하여 버럭 화를 내는 경우가 많지만 오래 가지는 않습니다.

추진력이 강한 행동본성의 사람은 계획적이며 분석적인 이성본성의 사람과 협력하면 상호 간에 시너지를 발휘할 수 있습니다. 반면에 섬세하고 예민한 감성본성의 사람과는 서로 힘들어 하는 경향이 있습니다.

● 솔직함

행동본성에서 솔직함은 강함 또는 자기 주도적인 단어와 관련이 있습니다. 자기 주도적으로 관계나 일을 추진하면서 다른 사람과 의견이 다를 경우 불편함을 느끼고 그 불편함에 대해 솔직하게 자신의 의견을 표현하는 것을 의미합니다. 자신은 거짓이나 숨김이 없이 진심으로 말하지만 이는 타인에게 상처를 줄 수 있습니다.

따라서 자신의 솔직함이 진심으로 상대방을 위해 꼭 필요한 말인지 그리고 친절한 말인지, 아니면 나의 불편함을 없애기 위한 마음이 우선인지 깊게 생각하는 것이 필요합니다.

⑧ 감성본성

감성본성을 가진 사람이 일과 관계를 시작하기 위해서는 우선 마음이 움직여야 합니다. 그들은 정성을 다해 다른 사람에게 다가가고, 이에 대해 자신과 상대방 모두 감동 받기를 원합니다. 타인의 감정과 연결되며 그들의 필요와 감정에 섬세하고 예민하게 반응합니다.

　반면에 이성본성을 가진 사람은 감정을 헤아리기보다 객관적이며 분석적으로 판단하고, 행동본성을 가진 사람은 솔직하고 강하게 행동하기 때문에 감성본성을 가진 사람은 의도치 않게 상처받고 우울해질 수 있습니다. 따라서 이러한 차이를 충분히 이해하고 존중하는 마음이 필요합니다.

● 우울

감성본성 안에서 우울은 원하는 대로 되지 않아 힘들 때 나타나는 감정입니다. 이러한 우울은 행동본성에서 '화'와는 달리 내면의 문제로 머물게 됩니다. 따라서 주변 사람들의 세심한 배려와 이해가 필요합니다.

■ 파트3-탈렌트 본성

우리는 저마다 하느님께서 베푸신 은총에 따라 서로 다른 은사를 가지고 있습니다. 그것이 예언이면 믿음에 맞게 예언하고, 봉사면 봉사하는 데에 써야 합니다. 그리고 가르치는 사람이면 가르치는 일에 힘쓰고, 지도하는 사람이면 열성으로, 자비를 베푸는 사람이면 기쁜 마음으로 해야 합니다. (로마 12,6-7.8ㄴ)

• 모든 사람이 갖고 있는 보편적 본성과는 달리 탈렌트 본성은 각자가 지닌 탈렌트로서의 고유한 본성을 의미합니다.

• 탈렌트 본성은 자신의 생각과 말과 행동을 결정하는 중요한 역할을 하며 상황과 환경에 따라 때로는 부정적이거나 왜곡된 사회적 본성으로 나타날 수 있습니다.

• 이 경우 본래의 탈렌트 본성을 회복할 수 있도록 이 부분을 잘 인지하고 조절하는 힘이 필요합니다.

• 탈렌트 본성에 속해있는 본성과 단어들은 기존의 보편적인 의미를 넘어 상황과 환경에 따라 형성되는 복합적인 의미를 지닙니다.

• 따라서 '좋다' 혹은 '나쁘다'에 대한 이분법적 구별은 무의미하며 긍정적 의미를 나타낼 때에는 탈렌트 본성으로, 부정적 의미를 나타낼 때에는 사회적 본성으로 구별하여 해석합니다.

⑨ 열정본성

● 탈렌트 본성

열정본성은 자신이 좋아하고 흥미로워 하는 일에 열망을 갖고 활기차게 도전하는 마음을 의미합니다. 열정적으로 바쁘게 보내는 시간이 다른 사람들이 보기에는 힘들어 보일 수도 있지만 자신에게는 오히려 힘이 되며 삶의 회복력을 높여줍니다. 열정본성은 에너지본성의 행동본성과 함께 할 때 적극적으로 추진하는 시너지 효과를 갖게 됩니다.

● 사회적 본성

열정에 따라 좋아하는 일을 하며 인정받을 때에는 행복하지만, 상대적으로 원하지 않는 일을 해야 할 경우 무기력 상태에 놓일 수 있습니다. 열정본성에서 '지친'은 열심히 해서 지치기보다 원하지 않은 일을 지속적으로 해야 하거나, 하고 싶은 일을 하지 못해 지친 상태를 의미합니다.

⑩ 인정본성

● 탈렌트 본성

인정본성을 가진 사람은 자신이 열심히 노력한 만큼 인정받기를 원합니다. '칭찬은 고래도 춤추게 한다.'는 말처럼 칭찬과 인정은 이들에게 꼭 필요하고 중요한 요소입니다. 이들은 노력한 대로 명예와 성공을 얻고 지속적으로 성장하기 위해 애를 씁니다.

● **사회적 본성**

명예와 성공을 위한 노력에도 불구하고 원하는 인정과 칭찬 그리고 기대한 결과를 얻지 못할 경우 불확실성이 자신을 힘들게 합니다. '내가 제대로 하고 있는 걸까?' '기대한 만큼 잘 할 수 있을까?'라는 불확실성은 좌절감을 일으키기도 하지만 동시에 성장을 위한 지속적인 동기부여가 되기도 합니다.

⑪ **긍정본성**

● **탈렌트 본성**

긍정본성은 유머 있게 사람들을 긍정적인 분위기로 이끌며 힘든 상황에서 여유를 갖고 낙천적인 생각으로 긍정성을 회복할 수 있도록 자신감을 심어주는 소중한 본성입니다.

● **사회적 본성**

긍정 본성은 스트레스 상황에 직면할 때 무의식적으로 그 상황을 차단하고 일단 회피하려는 경향이 있습니다. 의식적으로 잠을 자거나 즐거운 일을 찾아 여유를 찾으려고 합니다. 스트레스 상황에서 물러나 잠시 휴식을 취하는 시간이 필요하지만 동시에 문제에 직면하여 해결하기 위한 용기도 필요합니다.

갈등 상황에서 자신은 이미 문제가 해결되었다고 여기지만 상대방은 아직 그렇지 않다고 생각하며 더 큰 스트레스 상황을 만들 수 있습니다. 복잡한 문제를 자신의 방식으로 단순화하며 수용하지만 이 과정에서 회피라는 사회적 본성이 나타날 수 있음을 염두에 두어야 합니다.

⑫ 신념본성

● 탈렌트 본성

신념본성을 가진 사람에게 신념이란 자신의 삶에서 지키고 따라야 할 소중한 가치이자 원칙입니다. '윤리적'이라는 단어의 의미대로 마땅히 지켜야 할 도리입니다. 신념에 따라 열심히 살아가는 사람은 종종 '나 같으면' 혹은 '당연히' '어떻게 그럴 수 있지?' '이해할 수 없어.'라는 표현을 자주 하곤 합니다. 스스로 신념에 따라 신중하고 일관성 있게 노력하기 때문입니다.

● 사회적 본성

신념본성은 양면성을 갖고 있습니다. 자신이 신념에 따라 애쓰는 만큼 타인에게도 똑같은 기준을 적용하며 판단의 틀이 되기 때문입니다. 자신이 지키고자 하는 신념이 공감 받지 못할 경우 사람들에게 고지식하거나, 원칙주의자로 여겨져 관계에서 스트레스의 원인이 됩니다.

진정한 의미에서 '신념의 기준'이란 무엇일까요? 삶의 모습이 다르듯이 사람들 또한 저마다 다른 생각과 기준을 갖고 있음을 인정하는 것이 중요합니다. 그렇지 않을 경우, 신념본성은 타인과의 갈등이라는 사회적 본성으로 나타나게 됩니다.

⑬ 자유본성 ⑭ 독특함 본성

● 탈렌트 본성

자유와 독특함 본성은 노력으로 얻기 힘든 타고난 매력을 지닌 본성입니다. 특히 독특함 본성은 에너지 본성과 함께할 때 탁월한 업무 능력을 발휘할 수 있습니다. 자유와 독특함 본성의 특성상 관계와 책임본성이 함께하기 쉽지 않지만 이 두 본성과 조화를 이룰 수 있다면 더 큰 시너지 효과로 탁월한 능력을 펼칠 수 있습니다.

● 사회적 본성

자유와 독특함 본성이 많은 사람은 자신이 '하고 싶은 일'을 하며 자유롭고 독립적인 삶을 살고 싶지만 동시에 책임본성에 따라 '해야 할 일'을 하는 것이 필요함을 알고 있습니다. 이러한 이중 욕구는 답답함을 느끼며 회피와 무기력 그리고 포기라는 사회적 본성으로 이어질 수 있습니다.

자유와 독특함 본성을 가진 사람이 모든 것을 뒤로 하고 자신만을 위한 선택을 하는 것이 다른 사람들에게 무책임하게 보일 수 있지만 그들에게는 새로운 시작을 위한 절실한 선택일 수 있음을 이해하는 것 또한 필요합니다.

■ 파트4-부정본성

• 부정본성은 자신이 처한 상황이나 환경에 따라 본래의 선한 본성이 부정적 성향으로 나타나는 것을 의미합니다.

• 대부분 자신이 '해야 할 일'과 '하고 싶은 일' 그리고 '할 수 있는 일'의 조화와 균형이 맞지 않을 때 주로 나타납니다.

• 부정본성은 상황에 따라 다양한 형태로 나타날 수 있지만 자신의 어려운 상황을 인지하고 수용하며 균형을 맞춘다면 언제든 본래의 선한 본성을 회복할 수 있습니다.

● 회피

회피는 주로 편함 본성, 긍정본성, 자유본성에서 해야 할 일을 하고 싶지 않을 때 드러나는 사회적 본성입니다. 자신이 회피하고 있음을 인지하는 것이 가장 중요하며 문제의 원인을 인지하고 다시 직면하는 용기가 필요합니다.

● **무기력**

무기력은 책임본성에서 과한 책임의 무게로 힘들어질 때, 열정본성에서 하고 싶은 일을 하지 못해 힘들 때, 긍정본성과 자유본성에서 하고 싶지 않은 일을 지속적으로 해야 할 때 드러나는 사회적 본성입니다.

● **포기**

포기는 책임본성에서 자신에게 주어진 책임의 무게를 더 이상 감당할 수 없을 때 나타납니다. 이때 자신을 자책하거나 죄책감을 느낄 수 있기 때문에 스스로 '괜찮아, 충분히 잘 하고 있어.'라고 위로해주는 것이 필요합니다. 자유본성에서 포기는 하고 싶지 않은 일을 지속하여 더 이상 견딜 수 없을 때 나타납니다.

● **갈등**

책임본성에서 포기하고 싶을 때 내면에서 죄책감과 함께 드러나며, 평화본성에서 모두의 평화를 위해 우유부단을 선택할 때 내면에서 갈등이 일어납니다. 반면에 행동본성과 신념본성에서 자기중심적 생각을 타인에게 강요할 때에는 주로 외부적인 관계에서 갈등이 나타납니다.

● **불안**

불안은 평화본성에서 평화의 상태가 깨질까 두려울 때 혹은 인정본성에서 불확실성이 지속될 때 드러나는 사회적 본성입니다.

유앤아이 본성 분석 도구에서 부정 본성은 '하고 싶은 일'에 집중하며 살아가다 힘든 순간을 맞이했을 때 자신이 '해야 할 일'과 '할 수 있는 일'을 찾기 위해 노력과 힘듦을 동반하는 과정에서 나타납니다.

따라서 이러한 부정 본성은 오히려 성장 과정의 일부로 간주할 수 있습니다. 내 마음대로 할 수 없어 힘들지만, 다른 관점에서는 나 중심의 삶에서 공동체 중심의 삶으로 방향 전환을 통해 성장하고 있음을 알 수 있습니다.

3. 유앤아이 본성 분석 도구 - 성찰 및 솔루션

크레스토테스(호의)는 다른 이들을 대하는 방식으로 친절한 응대, 말이나 행동으로 상처를 주지 않으려는 배려, 다른 이들의 무게를 덜어주려는 시도 등, 다양한 형태로 나타납니다. 여기에는 격려의 말이 포함됩니다. 이러한 말은 위로와 위안이 되며 힘과 기운을 북돋아줍니다.(『모든 형제들』223)

우리는 유앤아이 본성 분석 도구 알아보기와 분석을 통해 이전에 알지 못했던 자신의 모습을 새로운 관점에서 발견하는 경험을 했습니다. 이 경험은 우리 안에 내재된 15가지 본성의 특성과 그들 간의 상호작용을 바탕으로 본성에 따른 자신의 생각과 말과 행동의 동기와 성향을 새롭게 이해하는 과정이었습니다. 분석 결과를 통해 삶을 크게 세 가지 유형으로 분류할 수 있었습니다.

① 자신이 중심이 되는 삶

대부분의 사람들은 본성에 따라 자신이 중심이 되어 살아가려는 경향이 있습니다. '자신이 중심이 되는 삶'은 내 마음대로 사는 삶과 다르지만 모든 중심에 내가 있어 자신이 원하는 대로 다른 사람들을 변화시키려는 특징을 지닙니다.

'자신이 중심이 되는 삶'에는 두 가지 형태가 있습니다. 하나는, 열심히 노력하면서 자신의 생각이 절대적으로 옳다고 확신하는 경우이고 다른 하나는, 자신의 본성만을 충실하게 따르며 살아가는 경우입니다.

어느 경우에도 노력한다는 것은 힘든 일이지만 두 경우 모두 주변 사람들이 자신 때문에 더 힘들어질 수 있다는 것을 인지할 필요가 있습니다. 또한, '사랑, 관계, 책임 본성'을 포함하는 보편적 본성은 자신이 중심이 되어 행한다면 결코 다른 사람들과 함께하는 마음이 아니라는 것을 인지해야 합니다.

② 타인이 중심이 되는 삶

'자신이 중심이 되는 삶'과는 달리 자신은 거의 없고, 주위의 요구에 맞춰 살아가는 삶을 의미합니다. 주어진 상황과 환경에 따라 자신의 본성이 거의 드러나지 못한 채 내재된 상태로 살아가는 경우입니다.

이러한 경우 분석 결과 부정본성에서 탈렌트 본성보다 사회적 본성이 주로 나타납니다. 자신의 희생으로 주변 사람들은 덜 힘들 수 있지만 이 모든 것을 감당해야 하는 자신은 점점 더 힘들어집니다. 유앤아이 본성 분석 도구를 통해 자신의 타고난 선한 본성을 알고 회복하는 과정이 꼭 필요합니다.

③ 나와 타인이 함께하는 삶

나와 타인이 함께하는 삶이란 내 뜻과 상대방의 뜻을 함께 고려하여 균형을 이루는 조화로운 삶을 의미합니다. 나의 본성만을 따르기보다 공동체의 성장과 행복을 위해 나에게 부족한 본성을 보완하며 애쓰는 삶입니다. 이 과정에서 우리는 서로의 힘듦을 이해하고 나누며, 공감과 배려의 마음으로 서로를 수용하게 됩니다.

우리가 공동체 안에서 서로에게 다가가 서로를 바라보고 서로에게 귀 기울이며 서로를 이해하기 위해서는 공감과 배려를 통한 나눔이 필요합니다. 진정한 나눔은 나와 다른 타인의 관점을 존중하는 노력에서 시작됩니다.

이는 다른 사람을 향해 열린 마음으로 시작할 때 효과적으로 실현됩니다. 인내와 용기를 실천하는 타인을 향한 나눔은 삶이 더 나은 방향으로 나아가도록 도와주며, 더 숭고한 것을 지향하는 법을 배우게 해줍니다.

II

불편한 진실을
마주할
용기

성찰하기

우리가 이루는 건강하고 참다운 관계는 우리를 성장시키고
풍요롭게 하는 다른 이들을 향하여 우리를 열어줍니다.(『모든 형제들』89)

이번 장에서는 유앤아이 프로젝트 참여자들의 다양한 경험을 통해 그들의 구체적인 성찰 과정을 보여줍니다. '성찰하기'는 '경험하기' 단계에서 새롭게 발견한 자신을 다시 공동체의 관점에서 바라보며 성찰하는 과정입니다.

이 과정에서 우리는 개인적인 이해를 넘어 타인에 대한 공감과 이해를 바탕으로 공동체 안에서 함께 성장하며 행복해지기 위한 방법을 성찰합니다. 가족, 학교, 직장, 그리고 신앙 공동체

에서 일어나는 다양한 이야기를 통해 유앤아이 프로젝트 경험이 현실 삶에서 어떤 변화를 가져왔는지 그 성찰 과정을 살펴볼 것입니다.

1. 유앤아이 프로젝트 참여 후기

유앤아이 본성 분석 도구를 통해 자신을 아는 것에 부담을 느끼는 분들에게는 처음에 자신을 나타내는 단어를 4~5개로 쓰는 질문을 드렸습니다. 사실 자기 자신을 몇 개의 단어로 표현하는 것은 생각보다 쉬운 작업은 아닙니다. 자신의 삶을 함축해서 표현하는 과정이기 때문입니다. 유앤아이 프로젝트 참여자들이 성찰과정에서 나누었던 단상을 공유해봅니다.

① 생각해본 적 없는 생각

이과적 특성이 안 보인다고 하셨는데…. 늘 보이는 것에 집중하고 살아서인지 이번 숙제를 하는 것이 저로서는 매우 어려웠습니다. 나는 누구고, 어떤 사람이고, 이런 것을 생각해본 적이 거의 없었던 것 같아서. 어떤 단어로 나를 표현한다? 난 그냥 다른 사람 대비 내가 가장 잘 하는 게 뭐지? 이걸 생각할 수밖에 없었고…. 그런데 아무리 생각해도 나만의 특별한 게 없는 것 같더라고요. 기껏 생각나는 게 좋은 아빠? 좋은 아들도 좋은 남편도 아니지만, 좋은 아빠라고는 말할 수 있다는 생각을 했네요. 근데 왠지 이 검사에는 어울리지 않을 것 같아서…. 인터넷을 찾아보기도 했습니다. 그랬더니 비슷한 내용들도 보이고 거기서는 단어를 고르라고 하더라고요. 몇몇 단어들을 쭉 보여주면서. 분석해주신 글 잘 봤습니다. 일생에 별로 해보지 않았던 생각을 해볼 수 있는 시간을 보낸 것 같아서 무지 고마웠습니다.(50대, 미카엘, 교수)

교수님 이야기 중에서 특히 '살면서 해보지 않았던 생각을 해볼 수 있는 시간을 보낸 것 같다.'라는 부분이 저 또한 와 닿았습니다. 이 프로젝트를 시작하고 유앤아이 본성 분석 도구를 연구하는 과정에서, 세상은 결코 우리를 이해하려 하지 않으며 때로는 이를 방해한다는 생각조차 들었습니다.

  이런 상황에서 사람들은 자신이 누구이며 무엇을 원하는지 알 수 없는 채로 세상의 요구에 따라 살아가게 될지도 모른다는 절망감이 들었습니다. 그래서 프로젝트 진행 초기에 교수님과 나눈 대화는 그 잔상이 지금까지 오래도록 남아있습니다.

② 나만의 무엇인가

보내주신 결과지를 계속 읽어 보고 있습니다. 공감과 위로, 응원의 말들이 큰 힘을 주네요. 스스로를 돌아볼 수 있는 값진 시간, 나를 꼭 안아줄 수 있는 소중한 시간. 마련해주심에 거듭 감사드립니다. 외로움, 우울함, 답답함, 무관심…. 같은 고리로 묶인, 같은 틀 안에 갇힌 단어들인 것 같습니다. 결국 일에 관한 이야기인데 먹고 사는 것은 늘 신산(辛酸)하고 그 고통 앞에 누구나 평등하겠지만…. 저마다 생각이 다르고 이해관계가 복잡하게 얽혀있는데 1번 아니면 2번, 둘 중에 하나만을 골라야 하는 상황이 많습니다. 절박한 의사 결정의 순간이 무섭도록 외롭고 우울하고 답답한 거죠. 저의 의사와는 무관하게 결과에 책임을 져야 하고…. 어디 무인도로 도망가고 싶을 때도 많습니다. 그래서 무관심이란 단어를 선택했을지도 모르겠습니다. 제가하는 일이 그리 평화로운 일이 아니어서 그럴지도 모르겠네요. 조언하신 대로 외로움과 우울함을 잘 달랠 수 있도록 '나만의 무엇인가'를잘 찾고 성당에도 (다시) 나갈 수 있도록 마음을 다독여 보겠습니다.(50대, 요한, 회사원)

요한님의 분석지를 작성하고 피드백을 주고받으며 마지막으로 김광규 시인의 시 '희미한 옛사랑의 그림자'를 전했습니다.

희미한 옛사랑의 그림자

김광규

...

그로부터 18년 오랜만에

우리는 모두 무엇인가 되어

혁명이 두려운 기성세대가 되어

넥타이를 매고 다시 모였다

회비를 만 원씩 걷고

처자식들의 안부를 나누고

월급이 얼마인가 서로 물었다

치솟는 물가를 걱정하며

즐겁게 세상을 개탄하고

익숙하게 목소리를 낮추어

떠도는 이야기를 주고받았다

모두가 살기 위해 살고 있었다

아무도 이젠 노래를 부르지 않았다

...

부끄럽지 않은가

부끄럽지 않은가

바람의 속삭임 귓전으로 흘리며

우리는 짐짓 중년기의 건강을 이야기했고

또 한 발짝 깊숙이 늪으로 발을 옮겼다

그리고 '부끄럽지 않다.'고 전했습니다. 우리 다 같이 주어진 삶을 이렇게 열심히 살아가고 있지 않느냐고 그걸로 충분하지 않느냐고 반문하면서. 그럼에도 불구하고 스스로를 다독이며 함께 또 버텨보자고 위로를 전했습니다. 보편적 본성의 사랑, 평화, 책임 본성과 탈렌트 본성의 인정과 자유본성을 갖고 있는 요한 님은 자유로운 삶을 꿈꾸면서도 공동체 안에서 자신이 해야 할 일을 해내기 위해 성실하게 최선을 다해 노력하고 있었습니다.

분석지를 작성하다 보면 누군가에게는 구체적인 솔루션이 필요하지만 또 누군가에겐 위로와 격려만으로 충분할 때가 있습니다. 요한님이 바로 그랬습니다.

③ 교사의 기도

선생님, 저에게도 아이들에게도 너무 좋은 기회가 되었어요. 너무 바쁘고 힘들 때면 제가 가톨릭 신자이자 교사라는 사실을 까먹고 사는 것 같았는데 오늘 분석지를 받고 그 안에 있는 '교사의 기도'를 드리며 다시 힘을 얻었습니다. 나눠주신 사랑과 평화의 마음을 기억하며 다시 또 노력해보겠습니다. 제가 흔들리지 않으면 바뀔 수 있다는 말씀도 써놨습니다. 지치지 않고 힘내면서 가톨릭 신자로서 교사생활 열심히 해내겠습니다. (20대, 세실리아, 교사)

'아이들은 사랑과 평화를 마음속에 모두 가지고 있고, 원하고 있다. 내가 중심을 잡고 흔들리지 않는다면 분명 나와 함께 생각을 바꿀 수 있다. 교사는 내 소명임을 잊지 말자.'

세실리아 선생님은 제 오랜 제자이자 초등학교 교사입니다. 저는 세실리아 선생님과 함께 얘기할 때면 좋은 어른이 되고 싶어집니다. 진짜 좋은 사람은 곁에 있으면 스스로 좋은 사람이 되도록 만드는 사람이라 했듯이 세실리아 선생님 곁에 있으면 저도 부끄럽지 않은 좋은 어른이 되도록 더 열심히 살고 싶어집니다. 어느 날 통화하면서 세실리아 선생님이 말했습니다. "선생님, 영희가 저보고 착한 척하지 말래요."

분석 후에 영희를 위해 특히 애쓰셨던 세실리아 선생님이 영희의 말을 듣고 많이 힘드셨던 것 같았습니다. 목소리를 들으며 선생님이 얼마나 힘드셨을지 알면서도 솔직한 생각을 전했습니다. 영희는 지금까지 진심으로 따뜻한 마음을 받아본 적이 없는 아이 같았고, 심지어 부모님에게조차 그런 사랑을 받은 적이 없을 것이라고 생각했습니다.

태어나서 한 번도 착하게 사는 삶의 행복과 기쁨을 느껴본 적 없는 영희에게 선생님의 따뜻한 마음이 가짜처럼 느껴지는 건 어떻게 보면 당연한 일이라고 말했습니다. 하지만 이건 영희의 잘못만은 아니라고. 이제라도 영희가 세실리아 선생님을 만난 건 정말로 큰 축복이며 아무리 힘들어도 세실리아 선생님이 결코 영희를 포기하지 않았으면 좋겠다는 바람도 전했습니다.

세실리아 선생님은 소녀 같은 순수함과 교사로서의 사명감 그리고 사람에 대한 연민을 지니고 힘든 사람들을 보면 먼저 손 내밀어주는 따뜻한 마음을 가진 사람이었습니다. 유앤아이 본성 분석 도구에 따르면 보편적 본성의 사랑, 평화, 관계, 책임본성을 충분히 드러내고 있었습니다.

그래서 더욱 세실리아 선생님이 지치지 않고 포기하지 않고 어렵고 힘든 길이지만 기꺼이 선택하여 영희와 같은 친구들에게 착하게 산다는 것이 착한 척이 아닌 진심으로 아름다운 길임을 알게 해주면 좋겠다는 생각을 했습니다. 이렇게 자라난 친구가 세실리아 선생님처럼 좋은 어른이 되어 또 누군가에게 다시손을 내밀 수 있는 사람이 될 수 있을 것이라고 전했습니다.

드라마 〈나의 아저씨〉의 주인공 지안이 생각납니다. 사람에 대한 사랑과 믿음 없이 경직된 삶을 살면서 나이와 책임감만으로 어른이 된 지안에게 박동훈 과장은 완벽하지 않지만 진심으로 어른이 되는 과정을 가르쳐주었습니다. 선한 마음을 가진 어른의 진심과 위로는 한 사람의 삶을 변화시킵니다. 세실리아 선생님의 착한 진심과 위로가 영희의 삶을 아름답게 변화시킬 것이라 믿습니다.

교사의 기도

오 사랑하는 주님 날 도와주소서
큰힘과 당신의 지혜 내려주시어
당신께 큰 관심없는 이들의 가슴속에
내가 기쁨을 불러 일으키게 하소서

당신의 인내와 당신의 겸손이
나의 마음에 항상 머무르게 하시고
당신의 은총과 당신의 사랑이
나의 모든 언행을 주관하게 하소서

가르치면서도 배우게 하소서
사랑없는 지식은 아무 힘 없나이다
나를 통해 이들이 당신을 찾고
나도 언제나 그 길을 걸어가게 하시어
천국에서 별처럼 빛나게 하소서

2. 유앤아이 프로젝트 성찰 및 솔루션 이야기

성경은 우리에게 관계의 도전을 제시합니다. 카인이 자기 아우 아벨을 죽이자 하느님께서는 이렇게 물으십니다. "네 아우 아벨은 어디 있느냐?" 우리도 흔히 카인과 같은 대답을 내놓고는 합니다. "제가 아우를 지키는 사람입니까?" 하느님께서는 당신 물음을 통하여, 무관심이 할 수 있는 유일한 응답처럼 정당화하려는 행위에 관해 답하도록 하십니다. 또한 그와 반대로 우리의 반목을 극복하고 서로를 보살피는 또 다른 문화를 창조할 수 있는 능력을 우리에게 주십니다.(『모든 형제들』 57)

공동체 안에서 가정의 역할은 특별합니다. 공동체 생활과 나눔, 다른 이들에 대한 배려를 배우고 전달하는 첫 번째 자리이기 때문입니다. 보편적 본성의 사랑, 평화, 관계, 책임의 본성은 이렇게 가정에서 시작되어 다른 공동체로 확장됩니다. 이번 장에서는 여섯 가지 사례를 통해 우리가 가족 안에서 어떻게 성장하고 발전해 나가는지 그 성찰과정을 살펴보겠습니다.

① "내면의 사랑 찾기"

– 사라님 이야기 / 30대, 결혼 8년차, 프리랜서

모든 것은 존중과 인정에서 시작하며 이는 결정적으로 사랑이라는
말 뒤에 있는 것입니다. 사랑받는 존재는 나에게 귀한 사람입니다.
즉 나는 그 사람이 커다란 가치를 지닌다고 여기는 것입니다. 있는
그대로 다른 사람을 향한 사랑은 우리가 그의 삶을 위한 최선을 추구
해 나가게 합니다.(『모든 형제들』 93~94)

사라님과 함께 유앤아이 프로젝트를 진행하면서 주어진 과제는
'내면의 사랑 찾기'였습니다. 초기 분석에는 사라님의 사랑 본성
이 명확히 드러나지 않았지만 내재된 사랑이 풍부한 사람임을
알 수 있었습니다.

따라서 사라님이 자신의 사랑 본성을 찾아내고 표현할 수 있
도록 과제를 제시했습니다. 주제는 '사랑이라는 단어를 떠올릴
때 느껴지는 감정을 최소 5개 이상 작성해보기'였는데, 놀랍게
도 사라님은 8페이지에 걸쳐 자신의 이야기를 감동적으로 전달
하였습니다. 아래는 사라님과 나눈 글과 대화의 일부입니다.

- **사랑에 대하여**

: 제가 생각한 사랑에 대한 감정은 '보고 싶음, 설렘, 행복, (아마도 따뜻함), 온전함, 안정감, 편안함' 입니다.

사랑의 감정을 찾아 가시느라 애쓰셨습니다. 사라님 내면에 존재하던 사랑의 감정들을 찾아내어 표현하시니 너무 좋습니다. '보고 싶음', '설렘'은 사랑초기에 대부분 갖는 보편적 감정이라고 생각할 때 사라님만의 특별한 사랑은 '따뜻함, 온전함, 안정감, 편안함'이라고 생각해봅니다. 그래서 행복이라는 단어를 마침내 쓰실 수 있었던 것 같습니다.

: 우선 사랑이라는 감정을 느낀 경우가 언제 있을까 생각해보았는데 어릴 때로 거슬러 올라가보아도 기억력이 좋지 않은지 크게 떠오르는 것은 없었습니다. 주로 이성교제나 또 사랑과는 다른 개념이지만 친구와의 우정에서 좋은 감정들을 느꼈습니다.

아마 어렸을 때 사랑이 떠오르지 않는 것은 우선 부모님께서 주신 사랑과 사라님이 원하는 사랑의 모습이 달랐기 때문이라고 생각됩니다. 사라님의 사랑은 따뜻함, 온전함, 안정감, 편안함이 중요한데 부모님은 다른 모습의 사랑을 주셔서 그것이 사랑이라고 느끼지 못한 것 같습니다.

: 저는 누군가 곁에 없이 혼자 있을 때면 이 세상에 내가 '혼자'라는 느낌을 자주 느꼈던 것 같습니다. 그 감정이 힘들다기보다는 그냥 외롭다는 느낌이었습니다. 그래서 남자친구가 있는 상태가 더 편안했던 것 같습니다. 앞에 우정에 대해 언급했던 이유는 저는 학창 시절에 소울 메이트라고 할 만큼 잘 맞는 친구들이 있었습니다. 뭘 해도 재미있고, 너무 신나서, 이때는 남자친구가 없어도 외롭다는 생각을 해본 적이 없었습니다. 그냥 그 친구의 존재만으로도 그 시절이 너무 행복했습니다.

사라님의 외로움은 어디서 나오는 것일까요? 사라님은 관계본성에서 다섯 개의 단어를 -함께, 공감, 배려, 포용, 외로움- 모두 고르셨습니다. 이처럼 관계본성이 큰 사람에게는 외로움이 가장 힘든 감정이기도 합니다. 그래서 자신을 온전히 사랑하고 지지해주는 누군가가 언제나 꼭 필요합니다. 아마 평상시에는 친구였을 것이고, 남자친구가 있을 때에는 그 자리를 남자친구가 대신해주었을 것입니다.

: 그렇다면 나는 남자친구가 아니어도 나와 코드가 잘 맞고 나와 늘 함께하는 사람이 있다는 그 자체가 더 중요한 게 아닐까? 아마 그럴 수도 있겠다는 생각을 해보았습니다. 사실 외롭다는 개념은 친구들로 채워지는 부분도 있지만 생각해보면 나는 온전히 나만의 편, 나와

함께하는 사람, 서로가 완전히 믿고 의지할 수 있는 대상이 필요한 사람 같다는 생각을 하게 되었습니다.

사라님 스스로 답을 너무 잘 찾으셨네요. 사라님의 생각대로 이는 관계본성에서 나오는 자연스러운 감정입니다. 애정과 우정 둘 다 중요하지만 결혼 전에는 대부분 애정이 우정보다 우선하는 감정임은 맞는 것 같습니다.

● **가족에 대하여**

: 사랑을 말할 때 빼놓기 어려운 가족에 대해 생각해보았습니다. 나는 과연 가족을 사랑하기는 하는 걸까? 생각해보면 그런 것 같기도 하고, 아닌 것 같기도 하고. 원래 가족이란 당연히 사랑해야만 하는 존재이기 때문에, 그게 당연한 거라고 들어왔기 때문에 사랑한다고 생각하며 살아왔던 것 같습니다. 요즘 들어 가족은 늘 내가 먼저 신경 써야 하고, 뭔가를 해줘야 한다는 생각이 들어 점점 부담이 커지고 있습니다. 나에게 가족이란 버겁지만 그래도 가족이라는 이름으로 약간의 든든함, 세상에 혼자는 아니구나 하는 정도를 느끼게 하는 존재라고 생각합니다. 지금까지 쓴 내용을 토대로 내가 가족을 많이 사랑하지는 않는다고 느끼는 이유들을 생각해보면…. 아직까지 정리가 어렵습니다.

가족이 정서적으로나 경제적으로 도움이 되는 것이 중요한 이유는 이를 통해 안정감, 편안함, 그리고 온전함과 같은 사랑의 모습을 느낄 수 있기 때문입니다. 이것이 충족이 되면 사라님도 온전함, 안정감, 편안함을 느끼면서 사랑을 줄 수 있지만 반대로 일방적으로 주어야만 하는 경우 힘들게 느껴질 수 있습니다.

아직 정리가 어려운 이유는 아마도 현재 원 가족과의 관계가 사라님이 원하는 사랑의 모습과 다르다고 생각하기 때문일 수 있습니다. 반대로 사라님 역시 여전히 자신이 원하는 사랑만을 원하고 있는 것은 아닌지 생각하며 다양한 모습의 가족의 사랑을 이해하려고 노력해봅니다.

● **남편에 대하여**

: 남편은 지금 현재 내가 가장 사랑한다고 느끼는 사람입니다. 물론 처음 연애하면서 느꼈던 감정과는 달라졌지만. 사랑에 대한 감정이 앞에서 얘기했던 보고 싶음, 설렘, 행복, 온전함, 안정감, 편안함이라고 할 때 결혼 전에는 보고 싶음, 설렘, 행복, 온전함이 주가 되었다면 결혼 후에는 행복, 온전함, 안정감, 편안함인 것 같습니다. 남편과 결혼하고 싶다고 느꼈던 가장 큰 이유는 흔들리지 않는 주관, 일관된 생각과 말 등이었습니다. 나에게 확신을 주기도 하고, 정서적으로 든든함과 안정감을 주었습니다. 나에겐 거대한 산 같은 느낌이었죠.

앞서 언급한 대로, 전자가 보편적인 사랑이라면 후자는 남편이 사라님의 특별한 사랑의 모습을 오롯이 채워주었다고 볼 수 있습니다. 사라님에게는 '확신'이 가장 필요한 감정 중 하나입니다. 이것은 사라님께 내재된 근본적인 '불안'을 해소해주기 때문입니다.

따라서 남편은 정서적 든든함과 함께 안정감을 주면서 사라님이 꼭 필요로 하는 부분을 채워주었으니 그것이 곧 사라님이 원하는 사랑의 모습인 것입니다. 원 가족으로부터 받지 못한 사랑을 남편에게 오롯이 받으면서 채워졌으니 사라님에게 그 사랑의 크기는 엄청나다고 말할 수 있을 것입니다.

● **따뜻함에 대해서**

: 내가 먼저 생각하지 못했던 일, 귀찮아서 굳이 하지 않거나 먼저 나서지 않는 일, 전혀 생각지도 못한 일을 누군가 할 때, 또 누군가에게 적절한 위로와 공감의 말을 해주는 사람을 볼 때 나도 모르게 나오는 말이 '따뜻하다.'입니다. 나에게 '따뜻하다'는 말은 내가 그렇지 못하기 때문에 나와 다른 사람들에게 그런 감정을 느꼈을 때 쓰게 됩니다. 평소에 나는 내가 따뜻한 사람이라고 생각해본 적이 없습니다. 내가 누군가에게 큰 무언가(감정이나 혹은 물질이나)를 아낌없이 주는 사람은 아닌 것 같기 때문입니다. 그래서 나와 다른 따뜻한 사람들을

볼 때 '와~ 따뜻한 사람이다.'라고 느끼며 스스로 돌아보고 배우고 싶습니다.

사라님의 사랑의 본질은 따뜻함, 온전함, 안정감, 편안함과 함께 든든함, 정서적 지지, 그리고 응원입니다. 이러한 마음을 받을 때 행복합니다. 사라님은 자신이 따뜻한 사람이 아니라고 생각하지만, 이것은 사라님의 에너지 본성 중 이성적인 측면이 강해 따뜻함을 다른 방식으로 표현하는 것뿐이며, 따뜻함이 결코 부족한 것이 아닙니다.

또한 사라님은 온전함, 안정감, 편안함, 든든함, 그리고 정서적 지지와 응원이 특히 중요한데 이것은 사라님에게 내재된 근본적인 불안을 극복하기 위한 마음이기도 합니다. 하지만 사라님은 신념 본성이 강하므로 좀처럼 자신이 지닌 생각을 바꾸기가 쉽지 않습니다.

● **덧붙이며**

사라님은 8페이지 글을 쓰는 동안 두통이 잦았다고 합니다. '사라님, 이성본성이 강하신 거 맞네요.' 하며 웃었습니다. 힘든 순간에 이성본성이 강한 사람은 머리가 아프고, 행동본성이 강한 사람은 장이 아프고, 감성본성이 강한 사람은 마음이 아프다고 합니다.

사라님은 앞으로 좀 더 따뜻해지고 싶다고 했고, 저는 이 마음을 갖게 된 것만으로 이미 충분하다고 했습니다. 자신의 본성을 변화시키는 일이 얼마나 어려운 일인지 잘 알기 때문입니다. 얼음 공주라는 별명을 가진 사라님이 갑자기 따뜻해지면 녹아버릴 수도 있다는 말을 하며 함께 웃었습니다. 중요한 것은 드러나는 표현보다는 진심으로 그 마음을 전하는 것이라고 덧붙였습니다.

사랑

나무를 만난 바람은 나무의 소리를 내어주고

풀을 만난 바람은 풀의 소리를 내어주듯

그대를 만난 나는 그대의 소리를 내어줍니다.

사랑으로.

② "달라도 너무 다른 우리"

- 신혼 부부 J와 H님 이야기 / 30대, 신혼부부

우리는 이야기, 나눔이나 온화한 대화 또는 열정적 토론 안에서 함께 진리를 탐구할 수 있습니다. 그렇게 하려면 서로 인내가 필요합니다. 침묵과 고통의 순간도 수반됩니다.(『모든 형제들』 50)

결혼을 앞둔 예비부부 J님과 H님은 7년간의 연애 기간을 통해 서로에 대한 이해와 사랑이 깊어진 예쁜 커플이었습니다. 그럼에도 불구하고, 연애와 결혼은 또 다른 부분임을 서로가 인정하며 진지하게 프로그램에 응했습니다.

서로가 독립적이면서 관계적인 사람, 개인적이면서 협력적인 사람, 자유로우면서 책임감 있는 사람이 된다는 것은 자동적으로 주어지는 것이 아니라 끊임없이 함께 노력해야 하는 부분임을 꼭 기억해야 한다는 당부와 함께 이야기를 시작했습니다. 아래는 두 사람과 함께 분석지를 통해 나눈 이야기 중 일부입니다

■ 보편적 본성

: J님은 사랑과 관계 본성이 비교적 잘 드러나 있지 않지만, H님은 상대적으로 잘 드러나 있음을 알 수 있습니다. 또한 평화와 책임 본성은 J님과 H님 둘 다 잘 드러나 있지 않음을 알 수 있습니다.

J님의 경우 사랑본성이 잘 드러나지 않은 것은 아마도 어릴 적 J님 부모님이 주신 사랑이 J님이 원하던 사랑의 모습과 달랐기 때문일 수 있습니다. 이제 J님이 원하는 사랑의 모습을 지닌 H님을 만났으니 J님 안에 내재되어 있던 사랑과 관계 본성이 H님과 함께 잘 드러날 수 있을 것이라 생각합니다.

한편 부모님으로부터 사랑을 듬뿍 받고 자란 H님은 사랑본성이 잘 드러나 있습니다. 사랑은 받은 사람만이 나눌 수 있다고 합니다. H님이 받은 그 사랑을 J님과 함께 풍성하게 나눌 수 있다면 J님 또한 내재되어 있던 사랑을 더 잘 드러낼 수 있을 것입니다.

두 분 모두 평화와 책임 본성을 실천하기 위한 의식적인 노력이 필요합니다. 특히 결혼 생활은 가정이라는 공동체 안에서 각자가 '하고 싶은 일'을 넘어 둘이 함께 '해야 할 일'을 위해 노력해야 하는 과정입니다.

이는 생각지도 못한 사소한 문제에서 생기는 갈등을 서로 이해하며 수용하는 과정이기도 합니다. 책임은 가정 공동체의 평화를 위해 자신과 배우자 그리고 다른 가족을 배려하고, 함께 해야 할 일을 이해하며 힘듦을 나누는 것을 의미합니다. 이러한 책임에는 깊은 이타주의가 있습니다.

일반적으로 J님은 H님의 의견을 잘 수용하는 편이고, H님 또한 부드럽고 유연하게 받아들이는 장점을 갖고 있습니다. 그러나 서로가 원하지 않는 힘든 일을 해야 할 경우, 두 분 모두 책임 본성-사명, 인내, 끈기, 성실, 노력-부분이 거의 드러나지 않기 때문에 갈등의 순간에 이러한 각자의 상태를 잘 이해하며 함께 노력하는 과정이 꼭 필요합니다.

가정을 이룬다는 것은 각자의 개별적인 삶에서 공동체를 만들어 나가는 과정이기 때문입니다. 막연히 '괜찮겠지, 다 잘 될 거야.'라는 단순한 기대를 넘어 힘듦을 극복하기 위한 서로의 노력과 사랑이 필요한 시간입니다.

■ 에너지 본성

: 두 분의 에너지 본성은 완전 다르다고 볼 수 있습니다. J님은 행동 본성이 가장 발달한 반면 감성본성이 없고 반면에 H님은 감성본성이 가장 발달했고 행동본성은 없습니다.

H님은 J님의 행동적인 면을 좋아하지만 때로는 자신의 섬세한 감정을 읽어주지 못하는 J님이 서운합니다. 하지만 H님은 예민하거나 우울감이 없기 때문에 비교적 잘 이해하고 넘어가 줍니다. 표현하지 않는다고 해서 마음 속 서운함까지 없는 것은 아니랍니다.

J님이 H님의 섬세함을 헤아리며 공감해줄 수 있길 바랍니다. 사랑은 상대방을 위해 기꺼이 자신을 변화시킬 수 있는 마음입니다. 일할 때 J님은 객관적, 분석적으로 접근하고, H님은 계획적으로 실행하는 경향이 있어 서로 다른 강점을 가지고 서로를 보완할 수 있습니다.

J님의 '솔직함'은 '강함' 혹은 '자기 주도적' 단어와 관련이 있습니다. 자기 주도적으로 강하게 관계나 일을 추진할 때 나와 다른 생각을 갖고 있는 사람인 경우, 그 불편함에 대해 자신의 관점에서 그대로 말하는 것을 의미합니다.

자신은 거짓이나 숨김이 없이 바르고 곧은 마음으로 얘기하지만 타인은 상처받기 쉬울 수 있음을 인지합니다. H님이 말씀하신 J님의 잔소리 또한 여기에 해당하는 것 같습니다.

■ 탈렌트 본성

: J님은 열정, 긍정, 독특함 본성을 갖고 있으며, H님은 열정, 인정, 독특함 본성을 갖고 있습니다.

앞에서 두 분의 에너지 본성은 완전 달랐지만 탈렌트 본성은 공통점이 많습니다. 두 분의 열정과 독특함 본성은 어떤 일을 생각하고 추진할 때 엄청난 시너지를 일으켜 너무 '케미'가 잘 맞습니다. 7년의 긴 연애가 가능했던 것도 두 분의 끊임없는 열정과 독특함이 어우러져 지루함이 거의 없었을 것이라고 생각합니다.

열정본성에 따라 두 분은 흥미로운 일에 열망을 갖고 활기차게 도전합니다. 열정적으로 바쁘게 보내는 시간이 다른 사람들 눈에는 힘들어 보이기도 하지만 오히려 두 분에게는 힘이 되며 삶의 회복력을 줍니다. 좋아하는 일을 하며 인정받고 성장할 때 행복하지만 상대적으로 두 분은 원하지 않는 일을 해야 할 경우 지치고 무기력 상태에 놓일 수 있습니다.

인정본성에 따라 H님은 열정적으로 최선을 다했을 때 사람들에게 칭찬받기를 원합니다. '칭찬은 고래도 춤추게 한다.'는 말처럼 사람들의 칭찬은 H님을 춤추게 합니다. (감성적이지 않는 J님, H님이 잘한 일을 섬세하게 살피고 많이 칭찬해주세요!) 열정을 다한 일에 인정이 따르지 않을 때에는 그만큼 힘들고 자신이 서지 않아 불확실성으로 나타나기도 합니다.

긍정의 아이콘 J님의 긍정본성은 여유, 유머, 자신감을 갖게 하며 복잡한 일을 단순하게 또 낙관적으로 생각합니다. 두 분이 싸울 경우에도 J님은 한 잠 자거나 시간이 흐르면 언제 싸웠나 싶게 잊고 다시 긍정의 아이콘이 됩니다. 이는 분명 귀한 장점이지만 때로는 아직 감정이 정리되지 않은 H님에게는 다소 황당하고 '뭐지?'라는 생각을 들게 합니다.

더구나 '나는 다 괜찮아졌는데 당신은 왜 다 끝난 일 갖고 아직도 그래. 쿨하지 못하게.'라는 생각을 갖게 됩니다. 이럴 때는 '맞다. 내가 긍정적이어서 그렇지?'라고 생각하면서 H님의 감정이 충분히 정리될 때까지 인내를 갖고 기다려주는 힘이 필요합니다.

또한 힘든 일을 결정하고 처리해야 할 때 긍정본성의 J님은 회피 본능이 생깁니다. 타고난 본성상 복잡해지는 일이 힘들기 때문입니다. 다른 면으로 보면 J님의 회피는 일종의 자기 방어 기제이기도 합니다. 이런 경우 H님이 주로 결정을 내리는 일을 담당하셨을 것 같습니다. 긍정 본성이 없는 H님은 J님의 성향을 이해하고, J님은 H님께 고마움을 표현하는 것이 꼭 필요합니다.

독특함 본성은 노력으로 만들어질 수 없는 타고난 두 분의 멋진 매력입니다. 이 독특함은 직장 업무에서 특히 능력을 발휘합니다. 또한 두 분 다 신념본성이 없다는 것은 어떤 면에서 직장생활을 위해 최적화된 성향이기도 합니다. 나만의 신념을 가진 사람들은 조직생활을 맞춰가는 것이 힘든데 오히려 쿨하게 수용할 수 있기 때문입니다.

■ 부정본성

: 현재 두 분 모두 부정본성이 드러나지 않습니다.

부정본성은 '부정'의 의미라기보다 '사회적 본성'으로 변형된 상태입니다. J님의 '열정, 긍정, 독특함 본성'은 힘들 때 '회피, 무기력, 포기', '행동적 본성'은 '갈등'이라는 사회적 본성으로 변형되고, H님의 '열정, 인정, 독특함 본성'은 힘들 때, '무기력, 포기'로

드러날 수 있습니다.

두 분 다 부정본성이 드러나지 않는 것은 현재 탈렌트로서의 본성이 잘 드러나며 일과 관계에서 힘듦이 없는 상태임을 의미합니다. 다만 시간이 지나 다시 검사했을 때 부정본성이 나타나는 경우에는 나의 '~한 본성'으로 '지금 내가 힘든 상황이구나.'하고 인지하는 것이 필요합니다. 인지하면 원래 탈렌트로서의 회복이 가능하기 때문입니다.

이처럼 J님은 행동본성에 따른 '열정, 긍정, 독특함 본성'을 갖고 있고, H님은 감성본성에 따른 '열정 인정, 독특함 본성'을 갖고 있습니다. 두 분은 비슷한 점이 많으면서 또 다른 부분이 확실하지만 긍정의 아이콘 J님과 사랑의 아이콘 H님이 만나 서로 이해하고 멋지게 성장해왔습니다. 특히 J님은 H님을 만나 자신이 많이 달라지고 성장했음을 계속 얘기해주었습니다.

● **덧붙이며**

좋은 사람은 옆에 있으면 자신도 좋은 사람이 되고 싶은 마음이 들게 하는 사람이라고 했습니다. 두 분 모두 서로에게 진짜 좋은 사람이 되어주셨습니다. 좋은 일이 많을 때는 좋은 탈렌트가 나오지만 힘든 일이 많아지면 좋은 탈렌트도 금세 부정본성으로 나타납니다.

앞에서 얘기했던 함께 노력해야 할 부분들을 애쓰고 고쳐가는 것은 결코 쉬운 일이 아닙니다. 하지만 그럼에도 불구하고 자신의 이런 본성 때문에 내가 힘들고, 또 상대방이 힘들어진다는 것을 아는 것과 모르는 것은 완전히 다릅니다.

나와 상대방을 알아간다는 것은 한 순간에 알고 끝나는 것이 아니라 평생 동안 함께 걸어가야 하는 여정입니다. 지금 이 마음 그대로 서로를 위해 사랑하며 함께 성장해가길 진심으로 응원합니다. 예쁜 예비 부부의 결과지를 작성하며 마지막에 안도현 시인의 시 '사랑한다는 것'을 전해주었습니다.

사랑한다는 것

안도현

...

이 세상에 태어나서

오직 한 사람을 사무치게 사랑한다는 것은

이 세상 전체를

비로소 받아들이는 것입니다.

...

우리가 서로 뜨겁게 사랑한다는 것은

그대는 나의 세상을

나는 그대의 세상을

함께 짊어지고

새벽을 향해 걸어가겠다는 것입니다.

③ "여전히 사랑해서 외로운 우리"

– 스테파노와 소피아님 부부이야기 / 결혼 25년차, 50대, 미국 거주

부부의 유대와 우정의 유대는 주위에 마음을 열게 하고 우리 자신 밖으로 나가 모든 이를 환대할 수 있게 합니다. 자신들을 다른 이들과 대조되는 존재로 규정하는 자기중심적인 부부는 이기주의와 단순한 자기 보호의 표현이 되어 버리고 맙니다.(『모든 형제들』 89)

스테파노님과 소피아님 부부는 현재 미국 발렌시아에 거주 중이어서 온라인으로 이야기를 나누었습니다. 다음은 그렇게 주고받으면서 함께 나눈 이야기의 일부입니다.

■ 보편적 본성

: 스테파노님과 소피아님은 두 분 다 사랑과 관계 본성, 그리고 평화와 책임 본성을 잘 드러내며 각자의 자리에서 열심히 노력하는 멋진 동갑내기 부부입니다. 두 분 모두 함께하는 관계가 중요한 만큼 각자

의 외로움을 지니고 있으며 평화를 위해 애쓰는 만큼 우유부단함을
안고 있습니다.

그래서 사랑하는 만큼 각자 외롭고 불안해서 서로 더 다투기도
합니다. 이민자의 삶이란 어찌 보면 한국과 가족을 향한 그리움
의 연속입니다. 이러한 그리움을 안고 있기에 가족은 '우리끼리'
더 소중하고 더 기대하고 의지할 수밖에 없습니다.

● **평화**

두 분 모두 평화를 위해 애쓰고 계시지만 공동체와 관계 안에서
매번 평화를 유지하기란 쉽지 않습니다. 두 분에게 평화는 '걱정
없이 안정적인 상태' 혹은 '갈등 없이 안정적인 상태'를 의미하
며, 평화는 아름다운 단어이지만 이를 이루기 위한 내적 과정은
치열함을 기억합니다.

● **우유부단**

두 분 모두 평화를 위해 상대방의 의견을 존중하느라 배려하며
자신의 의견을 접어둘 때도 많습니다. 답답하고 힘들지만 될 수
있으면 참고 내색하지 않습니다. 스테파노님은 유연하게, 소피
아님은 안정을 위해 참으며 기꺼이 우유부단함을 선택합니다.
우유부단의 사전적 의미는 망설이며 결단성이 부족하다는 뜻

이지만 평화본성 안에서는 힘들지만 상대방을 배려하며 애쓰는 마음입니다. 우유부단한 자신 때문에 짜증이 날 때에는 오히려 스스로 기특하고 대견하다고 칭찬해주세요.

다만 모두의 평화를 위해 애쓰다 자신의 평화가 깨지는 순간 오히려 불안과 갈등이 일어나 서로 회피하려는 경우가 생깁니다. 이런 한계가 느껴지면 잠시 거리두기를 통해 자신의 평화를 우선 돌보는 것이 꼭 필요합니다.

● **외로움**

두 분 모두 책임을 다해 애쓰는 만큼 서로 알아주지 않거나, 온전히 교감할 수 없을 때면 더 큰 외로움을 느낍니다. 관계본성 안에서 외로움은 '함께'가 중요한 만큼 '혼자'가 힘든 감정입니다.

'내가 어떻게 했는데. 어떻게 나한테 그럴 수 있어? 괜찮다 말 한마디가 뭐 그렇게 힘들어? 나도 다 잘 하려고 그런 건데….' 세상 아래 나 혼자라는 외로움이 들다보면 원망이 커지고 잘 참고 있던 말들이 쏟아져 나와 상대방에게 향합니다. 하지만 소피아님은 스테파노님에 대한 연민으로, 스테파노님은 이러한 소피아님에 대해 공감하며 다시 평화를 찾아갑니다.

● 책임

두 분 모두 책임감을 갖고 자신과 다른 가족을 돌보고, 함께 해야 할 일을 이해하며, 힘듦을 나눕니다. 책임에는 깊은 이타주의가 있습니다. 두 분 다 형태는 다르지만 최선을 다해 노력하며 인내하는 마음이 깊습니다. 두 분 다 선택하지 않은 '배려'와 '포용'의 마음에 관해 얘기하고 나눌 수 있다면 더 할 나위 없을 것 같습니다.

■ 에너지본성

: 스테파노님과 소피아님은 두 분 모두 감성본성이 발달했습니다. 그래서 힘들고 위로가 필요할 때 각자 자신의 힘듦이 더 크게 느껴져 서로의 위로가 힘들 수 있습니다.

스테파노님은 이성본성도 함께 발달해서 어떤 일에 대해 걱정이 앞설 때 객관적이며 분석적으로 생각합니다. 이는 걱정스러운 상황에 대한 대비책이기도 합니다. 그리고 일단 결정한 일에 대해서는 강하게 추진합니다.

소피아님도 자신이 결정한 일은 자기 주도적으로 행합니다. 이 과정에서 두 분의 의견이 다를 때 서로 충돌할 수 있습니다. 이때 소피아님의 '솔직함'은 자기 주도적으로 관계나 일을 추진할 때 사람들이 나와 다른 생각을 갖고 있는 경우, 그 불편함에 대해 자신의 관점에서 말하는 것을 의미합니다.

자신은 거짓이나 숨김이 없이 바르고 곧은 마음으로 얘기하지만 타인은 상처받기 쉬울 수 있음을 인지합니다. 앞에서 말했듯이 서로에 대한 배려와 포용의 마음이 필요한 때이기도 합니다.

● 우울

감성이 충만한 두 분의 우울은 자신의 결정에 따라 행했던 일이 뜻대로 되지 않을 때, 또 서로에게 위로받지 못해 예민해질 때 나타나는 감정입니다. 이때 우울은 상대방에게 향하기보다 각자의 내면에 머무르게 됩니다. 서로의 상태를 충분히 이해하며 섬세한 배려로 정성을 다하면 금세 또 감동하게 됩니다.

■ 탈렌트 본성

: 스테파노님은 열정, 인정, 독특함 본성을 갖고 있으며 소피아님은 인정, 신념, 자유 본성을 갖고 있습니다.

보편적 본성과 에너지 본성에서는 두 분이 공통적으로 비슷한 부분이 많지만, 탈렌트 본성은 각자 다른 부분을 갖고 있습니다.

이는 서로에게 매력적인 부분으로 일과 관계에서 시너지효과를 주는 부분이기도 합니다.

스테파노님은 '창의성, 개성, 다양성, 직관적, 호기심'의 독특한 매력과 능력이 탁월합니다. 이를 바탕으로 조직 안에서 열정을 다해 일하면서 명예를 얻고 성장하길 원하지만 그렇지 않을 때는 '지금 내가 가는 길이 과연 맞는 것일까?'에 대한 불확실성을 느낍니다. 인정에 대한 욕구는 조직생활을 더 열정적으로 하게 만듭니다.

소피아님은 타인의 인정보다는 자신의 신념에 따라 자유롭게 일하는 스타일입니다. 따라서 원하지 않는 일을 해야 할 때에는 "내가 이 일을 꼭 해야 하나?"라는 생각으로 지치면서 불확실성을 느낍니다.

이렇게 스테파노님은 열정만큼 욕심도 있지만 소피아님은 자유만큼 욕심도 크지 않습니다. 따라서 스테파노님은 조직생활을 잘 해내고 계시며, 소피아님은 좀 더 자유롭게 자신의 신념에 따라 일할 수 있는 지금의 간호사 일이 잘 맞다고 생각합니다.

두 분이 건강할 때에는 서로의 다름과 같음은 서로를 이해하는 탈렌트가 되지만, 힘들 때에는 자신을 지키는 단단한 틀이 되어 서로의 다름과 같음을 수용하기 힘들어짐을 기억합니다. 살면서 가끔씩 각자의 일탈은 함께 잘 살아가기 위한 시도였으며,

자신의 자리로 돌아오기 위한 애절한 몸짓이었음을 서로 이해해주시면 더할 나위 없습니다.

● 덧붙이며

스무 살 동갑내기로 만난 두 분은 어느새 지천명을 넘었지만, 그럼에도 그때 그 마음, 그 모습이 여전히 남아 있는 듯 보기 좋았습니다. 가슴 한켠에 남아 있는 외로움도 그리움도 서로를 사랑하기에 가능한 감정입니다.

서로에 대한 사랑과 책임으로 각자의 자리에서 최선을 다하는 두 분의 모습은 언제나 감동입니다. 멀리 계시는 까닭에 만날 수는 없었지만 그래도 여러 번 이야기를 나누며 마지막에 두 분이 생각나는 도종환 시인의 시 '내가 사랑하는 당신은'을 적어 보냈습니다.

'아무래도 소피아님보다는 스테파노님이 조금 더 공감하고 배려해주셔서 오늘날 여기까지 무사히 오신 것 같아요.'라는 말에 '절대 아니거든요.' 하시는 소피아님의 말씀이 제게는 '네, 사실 맞아요.'처럼 들립니다. 두 분이 걸어온 아름다운 그 길 언제까지나 손 놓지 말고 오래도록 함께 걸어가시길 기도하고 응원합니다!

내가 사랑하는 당신은

도종환

...

이 세상의 어느 한 계절에 화사히 피었다

시들면 자취 없는 사랑 말고

저무는 들녘일수록 더욱 은은히 아름다운

억새풀처럼 늙어갈 순 없을까

바람 많은 가을 강가에 서로 어깨를 기댄 채

우리 서로 물이 되어 흐른다면

바위를 깎거나 갯벌 허무는 밀물 썰물보다는

물오리 떼 쉬어가는 저녁 강물이었음 좋겠어

이렇게 손을 잡고 한 세상을 흐르는 동안

갈대가 하늘로 크고

먼 바다에 이르는 강물이었음 좋겠어.

④ "당신 참 좋은 사람입니다."

– 엄마 영희님과 두 아들 이야기 / 엄마 50대 주부. 큰아들 30대 직장인. 작은아들 20대 직장인

자신의 삶 속으로 다른 이들을 끌어들이려는 것이 아니라, 그들이 더 나은 사람이 되도록 돕고자 그들의 고유한 활동 속에서 그들에게 다가가는 사람만이 참으로 아버지가 됩니다.(『모든 형제들』 4)

다음은 가족 프로젝트에 함께 참여했던 유난히 걱정이 많은 따뜻한 엄마 영희님과 책임감 강한 두 아들의 이야기를 정리한 내용의 일부입니다.

● **엄마의 평화**

평화본성이 큰 영희님은 사람들과의 관계 안에서 늘 상대방을 우선 배려하느라 우유부단한 자신을 힘들어 했습니다. 영희님의 내면에는 불안의 감정이 크게 자리 잡고 있습니다. 항상 걱정과 불안이 많은 영희님은 평화롭게 사랑하며 살고자 합니다.

영희님에게 평화는 갈등이 없는 편안한 상태입니다. 그래서 내가 원하는 것보다 모두의 평화를 유지하기 위한 선택을 합니다. 하지만 이러한 상황이 지속적으로 반복될 경우 한계에 부딪혀 스스로 우유부단하다는 자괴감에 빠지게 됩니다.

이럴 때 영희님에게는 거리두기가 꼭 필요합니다. 거리두기를 통해 마음이 편해지면 영희님은 다시 상대방을 이해하고, 배려하려고 애를 씁니다. 이럴 때 영희님이 항상 사랑하는 사람들을 공감하고 위로해주듯 영희님도 그들의 공감과 위로가 가장 필요함을 꼭 기억합니다.

● 작은아들의 평화

작은아들도 엄마 영희님처럼 불안에 따른 평화본성이 큽니다. 도전보다는 안정을 택하는 작은아들의 소극적인 선택이 영희님에게는 늘 아쉽게 느껴집니다. 작은아들에게 도전은 결코 안전하지 않고 무모하게 느껴지기 때문에 적극적으로 행동하기 쉽지 않습니다. 작은아들의 평화도 영희님과 같이 걱정과 불안이 없는 안전한 상태이기 때문입니다.

평화롭기 위해 주어진 책임을 다 하며 성실하게 노력합니다. 자신의 평화가 중요하듯 공동체의 평화도 똑같이 중요하기 때문에 그들의 평화를 깨지 않으려고 애를 쓰며 힘든 일을 혼자 감당합니다. 타인을 배려하여 혼자 힘들어하면서도 함께 나누는 것 또한 소중한 평화임을 생각하기 때문입니다.

• 큰아들의 열정

큰아들은 열정본성에 따라 좋아하는 일을 열정적으로 끈기 있게 행합니다. 열정적으로 바쁘게 보내는 시간이 힘들어 보일 수 있지만, 오히려 힘이 되며 기대하는 결과가 나올 때 희열을 느낍니다.

하지만 원하지 않는 일을 해야 할 경우, 열정적으로 진행한 일이 인정받지 못 할 경우 상대적으로 더 힘이 들어 무기력이나 분노 상태에 놓일 수 있습니다. 하지만 이러한 열정본성은 힘든 삶속에 회복력이 됩니다. 힘든 일상에서 좋아하는 일을 열정적으로 할 때 제일 신나기 때문입니다. 신념에 따라 성실하게 책임을 다해 사는 삶이 힘들어질 때면 나의 열정을 생각하며 도전해봅니다.

• 두 아들의 신념

두 아들은 영희님과 비슷한 듯 다른 모습을 지니고 있습니다. 큰아들은 성실하게 책임을 다하기 위해 자신의 신념에 따라 열정적으로 행하지만, 작은아들은 성실하게 책임을 다하기 위해 자신의 신념에 따라 평화롭게 행합니다.

두 아들의 마음은 비슷하지만 겉으로 드러나는 행동과 표현은 전혀 다릅니다. 타고난 본성은 환경 때문에 변하기보다 환경에 따라 다른 사회적 본성으로 바뀌는 것입니다. 두 아들 모두 신념본성이 강합니다.

신념은 삶의 중요한 기준이 되지만, 나의 신념만을 고수할 때 고지식하거나 외골수로 보이기 쉽습니다. 강하게 지키고자 할수록 유연하기 힘들며 내가 소신에 따라 살기위해 애쓰는 만큼 타인에게도 같은 기준을 적용하려고 합니다.

큰아들의 신념은 단단한 근성이 되어 중요한 동기와 추진력을 얻을 수 있지만 관계 안에서는 스스로를 힘들게 하는 양면성이 될 수 있습니다. 반면에 작은아들은 자신의 신념을 믿고 지지해주는 누군가의 신뢰가 필요합니다. 신뢰를 주고받을 때 신념은 큰 힘이 되지만 그렇지 않을 때는 무기력과 포기의 상태로 갈 수 있습니다. 자신이 믿고 의지할 수 있고, 또 자신을 믿어주는 사람과의 관계를 통해 힘듦을 이겨낼 수 있기에 지금은 가족의 무한 신뢰와 지지가 필요합니다.

● **두 아들의 책임**

두 아들 모두 책임본성에 따라 사랑하는 사람들과 행복하게 살기 위해 책임감을 갖고 주어진 일에 성실하게 최선을 다합니다. 아들로, 학생으로, 직장인으로 주어진 역할에 따라 책임을 다하며 살아갑니다. 상대적으로 그만큼 책임의 무게도 크며, 타인에 대한 책임의 기준도 높습니다.

두 아들에게 책임은 사랑의 또 다른 표현이기에 주어진 책임을 다하지 못하면, 사랑하는 사람들(특히 가족)에게 죄책감을 느낍니다. 아직 젊은 두 아들들은 이럴 때 과감히 책임감의 무게를 내려놓고 스스로 자유로워질 필요도 있습니다. 책임감은 나의 소중한 탈렌트이지만 한계를 넘으면 나의 고통과 스트레스의 원인이 되기 때문입니다.

● **덧붙이며**

너무 선하지만 내재된 불안으로 힘들어하시는 영희님에게는 엄마를 너무 잘 이해하고 챙겨주는 착한 두 아들이 있습니다. 가족 안에서 사랑과 평화의 마음이 각자의 본성에 따라 어떻게 다르게 표현되는지 잘 알 수 있었습니다.

엄마의 사랑은 가족의 평화를 위해 자신의 평화를 꾹꾹 누르고 계셨고, 큰아들의 사랑은 책임에 따라 열정적으로 표현하지만 작은아들은 책임에 따라 안정적으로 표현합니다. 이렇게 드러나는 사랑의 모습과 크기는 제각기 다르지만 보이는 모습이 다는 아닙니다.

내재된 사랑과 평화가 가득한 엄마와 아들들에게 매 순간 누구보다 서로와 자신에 대한 공감과 위로가 필요함을 얘기해 드렸습니다.

하루를 마무리 하며, 혹은 퇴근길에 꼭 한 번씩 들으며 자신을 토닥이는 시간을 단 몇 분이라도 갖길 바라는 마음에 노르웨이 숲의 노래 '당신 참 좋은 사람이에요'를 추천해드렸습니다. 오늘 하루도 정말 수고 많으셨습니다.

당신 참 좋은 사람이에요.

노르웨이 숲

괜찮아요 이젠 걱정하지 말아요

당신 참 좋은 사람이에요

오늘 하루도 수고 많았어요

괜찮아요 다 괜찮을 거예요

힘들면 참지 말아요 괜찮아질 때까지

실컷 울어도 돼요 내가 옆에 있어 줄게요

…

내겐 참 좋은 사람이에요

아프지 마요 나도 맘이 아파요

오늘은 울지 말아요 얘길 들어줄게요

그대 안아줄게요 오늘도 수고했어요

⑤ "열정과 인정 사이"

- 엄마 헬레나님과 두 딸 이야기 / 엄마 50대 교사. 큰딸 20대 직장인 뉴욕 거주. 작은딸 20대 직장인

가족 프로그램에 참여했던 헬레나님은 가족 안에서 사랑과 관계본성을 잘 드러내며, 평화와 책임 본성을 다하기 위해 최선을 다해 애쓰고 계심이 잘 보였습니다. 헬레나님의 결과지를 기반으로 1차 성찰 질문지를 드린 후 가족과 관련된 이야기를 나누었습니다. 이어서 두 딸의 분석지를 정리한 후 동일한 질문을 다시 가족들에게 드렸습니다. 다음은 이를 종합한 것 중에서 엄마와 나눈 대화 내용 중 일부입니다.

1차 성찰 결과지 질문

Q1. 사랑을 떠 올릴 때 느껴지는 감정은 무엇일까요?
   (남편을 처음 만났을 때, 아이를 낳았을 때 등등 구체적인 사건을 떠올리며 그 느낌을 5개 이상 써주세요. 예를 들어, 떨림, 벅참 등의 단어로.)

Q2. 남편과 딸들에게도 같은 질문을 묻고 나눠주세요.

Q3. 가족들에게 엄마 하면 떠오르는 단어를 3~5개로 써달라고 해주세요.

Q4. 헬레나님은 왜 무관심이라는 단어를 골랐을까요?

Q1. 사랑을 떠올릴 때 느껴지는 감정은 무엇일까요?

● **남편**

남편을 처음 만났을 때 너무 자상하고 믿음직하고 또 생활환경도 비슷하고 가치관도 같아서 또 나를 너무 좋아하는 것 같아서 결혼을 결심했는데 살아보니 그 이상이었던 것 같습니다, 남편은 제게 우주이자, 종교이고 삶의 나침반입니다.

살면서 너무 힘들 때 남편이 있었기에 힘을 낼 수 있었고 걱정을 덜 수 있었고 위로 받을 수 있었습니다. 그는 나에게 살아가는 힘입니다. 남편의 사랑은 나에게 무한한 종교와 같습니다.

● **아이들**

아이들은 나의 기쁨이자 행복입니다. 그들이 웃으면 저도 웃고 그들이 울면 저도 웁니다. 아프면 같이 아파주지 못하고 대신해줄 것이 없어 마음이 찢어집니다. 하지만 아이들을 키우며 겸손함을 배웠습니다. 저를 내려놓는 것을 배웠습니다.

아이들이 어렸을 땐 제가 모든 것을 다 해줄 수 있다는, 하늘의 별도 따다주고 커다란 성공의 꿈을 이루게 해주겠다는 맹목적인 꿈을 좇았었습니다. 이런 내 마음이 아이들을 힘들게 한다는 걸 모르는 채 다 아이들을 위한다는 믿음으로 아이들을 보면 통제하고 가르쳤던 것 같습니다.

이제는 이러한 힘든 시기를 지나 아이들에 대한 나의 사랑은 무한한 신뢰와 칭찬입니다. 아이들에게 제가 무한 긍정의 예스맨, 사랑, 신뢰, 푹신한 침대, 언제나 돌아올 수 있는 따뜻한 집이 되었으면 합니다.

Q2. 사랑에 대한 가족들의 답

헬레나님은 열정적인 사람이지만 관계 안에서 온전하고 든든한 내 편이 꼭 필요합니다. 주는 사랑보다 받는 사랑이 더 좋습니다. 그런데 남편이 이 모든 것을 온전히 다 해주고 있습니다. 남편에게 사랑은 주는 것이니 듬뿍 주고, 그것이 필요한 엄마는 듬뿍 받는 두 분의 관계는 너무 좋습니다.

큰딸에게 사랑은 뭔가 복잡하고 애틋합니다. 그래서 이러한 자신을 무한하게 어루만져줄 수 있는 헌신적인 사람이 필요합니다. 반면에 작은딸에게 사랑은 나보다는 상대방으로 가득합니다. 이는 타고난 평화본성인 안정된 상태를 이루고 그것이 깨지면 너무 힘든 마음에서 나온 사랑입니다. 내가 원하는 사랑을 표현한다고 해서 사랑이 아닌 것은 결코 아닙니다. 엄마는 작은딸을 까칠하다고 표현했는데 왜일까요? 오히려 작은딸은 스스로를 타인 지향적인 사람으로 생각합니다. 이 부분에 관해 함께 이야기를 나누는 것이 좋을 것 같습니다.

■ 보편적 본성

● 평화본성

엄마와 두 딸 모두 안정에 대한 내재된 불안이 있습니다. 힘든 일은 누구에게나 일어나지만 평화본성이 큰 사람은 안정 유지에 대한 마음이 크기 때문에 상대적으로 더 힘들게 느껴집니다. 불안을 완전히 없애기는 힘들지만 자신의 내재된 불안을 인지하면 부담을 조금 덜 수 있습니다. '아무것도 아니야, 괜찮아.'라고 스스로 다독일 수 있는 여유와 너그러움이 필요합니다.

● 관계본성

엄마는 외로움이 없는데 (아마 현재 남편이 그 부분을 가득 채워주셔서 그런 것 같습니다.) 딸들은 함께하는 것이 좋은 만큼 그 부분이 아직 꽉 채워지지 않아 외로움이 많습니다. 관계본성이 큰 사람에게는 온전히 나를 꽉 채워줄 좋은 사람이 꼭 필요함을 기억합니다. 씩씩하고 열정적인 마음과는 또 다른 외로움입니다.

● 책임본성

책임본성이 큰 큰딸의 경우는 자신이 하고 싶은 일보다 해야 할 일에 집중하기 때문에 늘 최선을 다하면서도 힘들 때가 더 많습니다. 반면에 작은딸은 해야 할 일보다 하고 싶은 일에 더 집중하기 때문에 상대적으로 스트레스는 덜 받을 수 있지만, 다만 하고 싶지 않은 해야 할 경우 회피하려는 경향이 있습니다.

■ 에너지본성

큰딸은 상황을 객관적으로 판단하는 이성본성이 가족 중에 가장 큽니다. 또한 생각에만 머무르지 않고 실천하는 행동적인 면도 갖고 있습니다. 반면에 작은딸은 좋아하는 일에만 적극적일 수 있습니다.

엄마와 큰딸은 각자 적극적이고 자기 주도적인 면이 있어 서로 의견이 부딪힐 때 이로 인해 힘들 수 있습니다. 두 딸은 예민하고 섬세한 반면에 엄마는 그 부분이 없기 때문에 딸들이 힘들 때 겉으로 표현하지 않아도 잘 헤아려 주는 마음이 필요합니다.

■ 탈렌트 본성

● 열정본성과 인정본성

엄마와 두 딸 모두 다 열정본성에 따른 열정 부자입니다. 좋아하는 일, 하고자 하는 일을 열정적으로 잘 해냅니다. 다만 열정본성이 가장 큰 작은딸은 하고 싶은 일을 맘껏 하지 못 할 때 오히려 지친 상태가 됩니다.

아직 이십대인 두 딸은 당연히 자신들에 대해 불확실성을 갖고 있습니다. 두 딸 모두 인정본성이 있으니, 엄마가 항상 인정과 칭찬을 많이 해주세요. 칭찬은 고래도 춤추게 하는 것 아시죠? 두 딸 또한 엄마의 사랑과 노력에 대해 마음껏 고마움을 표현하는 것이 필요합니다.

● **긍정본성**

긍정본성이 큰 큰딸은 모든 면에 여유 있고 낙관적인 만큼 반대로 책임에 직면할 때에는 오히려 회피하려는 경향이 우선 나타납니다. 본성에 따른 자연스러운 현상입니다. 다만 긍정과 함께 힘들고 책임져야 할 일에 대한 용기가 필요함을 인지해야 합니다.

● **신념본성**

엄마와 두 딸 모두 신념에 따른 신중하고 윤리적인 신념이 강한데 그 중 큰딸의 신념은 특히 더 강합니다. 신념은 멋지고 소중한 본성이지만 지키기 위해 그만큼 자기 자신도 타인도 힘들게 할 수 있음을 함께 이야기 나눠봅니다.

● **자유와 독특함 본성**

자유본성 안에서 엄마와 작은딸은 원하지 않는 것에 무관심할 수 있는 반면 큰딸은 그렇지 못해 원하는 대로 할 수 없는 것에 대한 답답함을 지니고 있습니다. 또한 엄마와 두 딸 모두 독특함의 능력을 갖고 있어 재미있고, 흥미로운 일이 많습니다. 아빠는 어떠신지 궁금합니다.

Q3. 가족들이 엄마를 생각할 때 떠오르는 단어는?

남편이 생각하는 아내는 '적극적인, 경쟁적인, 잘 흥분하는, 뒤끝 없는, 다정다감한'입니다. 큰딸이 생각하는 엄마는 '헌신적인, 열정적인, 카리스마, 통제적인'이며, 작은딸이 생각하는 엄마는 '변덕쟁이, 귀여움, 똑똑함, 다정함, 열정적인'입니다.

이에 따르면 엄마는 하고자 하는 일에 관해서는 적극적, 열정적, 경쟁적이며 헌신적인 자세로 똑똑하게 카리스마를 갖고 통제적으로 행합니다. 관계에서는 귀엽고 다정하지만 잘 흥분하고 뒤끝이 없는 변덕쟁이기도 합니다. 남편에게는 뒤끝은 없지만 잘 흥분하는 면이, 큰 딸에게는 카리스마와 통제적인 면이, 작은 딸에게는 변덕쟁이인 엄마의 모습이 조금씩 힘들게 느껴지는 부분임을 나누었습니다.

Q4. 헬레나님은 왜 '무관심'이란 단어를 골랐을까요?

감정적인 면에서 저는 우리 가족 외에는 무관심한 편이라 무관심을 골랐습니다. 가족에게 감정과 에너지 소모가 워낙 많아서인지 다른 사람들에게는 무관심해질 수밖에 없는 지금입니다. (헬레나님께서는 그럴 수밖에 없는 이유에 관해 많은 얘기를 나눠주셨습니다.)

● **덧붙이며**

헬레나님께서는 프로그램을 마무리하며 "고해성사 보는 것같이 성스러운 시간이었네요. 감사합니다."라고 전해주었습니다. 헬레나님의 말씀처럼 결국 우리는 분석을 통해 자신을 아는 것에 머무르는 것이 아니라 자신의 삶을 다시 돌아보며 본질을 찾아가는 여정의 시작이어야 함을 다시 한번 깨닫게 되었습니다.

자녀를 건강하게 독립시키는 것은 부모의 가장 중요한 역할이지만 독립이라는 단어는 참 어렵습니다. 독립을 통한 홀로서기가 중요한 만큼, 적절한 거리에서 서로에 대한 관심과 배려를 잃지 않는 마음 또한 중요하기 때문입니다. 따로 또 같이 함께하는 마음으로 헬레나님께는 이적의 '같이 걸을까'를 들려드리고 싶었습니다.

같이 걸을까

이적

…

피곤하면 잠깐 쉬어가 갈 길은 아직 머니까

물이라도 한잔 마실까

우린 이미 오래 먼 길을 걸어온 사람들이니까

…

높은 산을 오르고 거친 강을 건너고 깊은 골짜기를 넘어서

생의 끝자락이 닿을 곳으로 오늘도

길을 잃은 때도 있었지 쓰러진 적도 있었지

그러던 때마다 서로 다가와

좁은 어깨라도 내주어 다시 무릎에 힘을 넣어

⑥ "나만의 신앙에 머무르지 않도록"
- 로사님과 소피아님의 신앙공동체 이야기

신앙 활동 진단지는 신앙공동체 안에서 열심히 활동하는 신자들 중에 번아웃 상태로 인해 '쉬는 교우'가 되는 이들이 있는 현상에 주목하였습니다. 이 진단의 목적은 개인의 본성에 따른 신앙 활동의 마음가짐과 태도를 탐색하여 어떤 부분이 힘든지 스스로 깨닫고 신앙의 본질을 회복하는 데 도움을 주고자 하는 것입니다.

신앙 활동 진단지

각 항목의 질문에 대한 생각을 단어로 정리해서 3~5개 정도로 써주세요.

예) 신앙생활 안에서 내가 싫어하는 것 - 고해성사, 강요, 죄의식, 분열 등

번호	항목	단어
1	신앙이란?	
2	신앙의 실천이란?	
3	사제와 수도자에 관하여	
4	교회와 신자에 관하여	
5	신앙생활 안에서 내가 좋아하는 것은?	
6	신앙생활 안에서 내가 힘들어하는 것은?	
7	나의 주요 본성	

■ **로사님 이야기** - 40대, S본당. 유아세례자

로사님 신앙 활동 진단지

번호	항목	단어
1	신앙이란?	종교, 믿음, 신, 구원
2	신앙의 실천이란?	사랑, 자선, 봉사, 기도
3	사제와 수도자에 관하여	전례, 기도, 성사, 신비주의
4	교회와 신자에 관하여	공동체, 봉사, 무관심, 침묵
5	신앙생활 안에서 내가 좋아하는 것은?	예수님, 성경, 경청, 실천
6	신앙생활 안에서 내가 힘들어하는 것은?	분열, 무관심과 인정욕구, 일방적 지시
7	나의 주요 본성	사랑, 관계, 평화, 책임 행동, 열정, 인정, 신념

■ 로사님의 신앙 활동 진단지 분석

1. 신앙 : 종교, 믿음, 신, 구원

2. 신앙의 실천 : 사랑, 자선, 봉사, 기도

로사님에게 신앙이란 '종교, 믿음, 신, 구원'이며, 신앙의 실천은 사랑과 자선의 마음으로 봉사하고 기도하는 것입니다. 이는 로사님의 신념본성에 따라 배운 대로 믿고 수용하는 마음을 갖고 있으며 사랑과 평화 본성에 따라 공동체 안에서 봉사하는 마음의 표현이기도 합니다.

3. 사제와 수도자 : 전례, 기도, 성사, 신비주의

로사님은 사제와 수도자에 대해 교리적이며 신앙적인 생각을 갖고 있으며 로사님의 신앙생활에 긍정적이며 중요한 역할을 하고 있습니다. 이러한 생각은 1번에서 언급한 신앙에 관한 로사님의 신념본성과 같은 맥락으로 이해할 수 있습니다.

4. 교회와 신자 : 공동체, 봉사, 무관심, 침묵

로사님은 평화와 행동본성에 따라 교회 안에서 봉사하는 것을 중요하게 생각합니다. 하지만 평화와 신념본성에 따라 교우들과의 관계가 자신의 생각과 다른 방향으로 흘러갈 때에는 힘들지만 미움대신 거리두기를 통한 무관심 혹은 침묵의 방법을 선택합니다. 힘듦이 지속될 때에는 부정본성에 따라 내면의 갈등이 생겨 무기력해질 수 있습니다.

5. 신앙생활 안에서 내가 좋아하는 것 : 예수님, 성경, 경청, 실천

로사님은 신앙생활 안에서 예수님과 성경 말씀을 경청하고 이를 실천하는 것을 좋아합니다. 행동과 열정본성에 따라 로사님은 내면의 신앙에 머무르지 않고 교회 안에서 적극적으로 봉사하며 실천하고자 합니다. 또한 신념본성에 따라 자신의 지속적인 신앙 성숙을 위해 성경공부는 중요하고 꼭 필요한 부분이라고 생각합니다.

6. 신앙생활 안에서 내가 힘들어하는 것 : 분열, 무관심, 인정욕구, 일방적 지시

로사님은 신앙생활 안에서 서로에 대한 무관심, 개인적인 인정욕구, 일방적인 지시 등으로 공동체의 평화가 깨지고 분열되는 것이 힘듭니다. 사랑, 관계, 평화, 책임 본성이 큰 로사님은 공동체 안에서 평화가 깨지는 상황이 발생할 때 매우 힘듭니다.

또한, 상대방의 무리한 인정욕구나 배려 없는 일방적인 지시와 같은 문제들은 인정과 신념 본성에 따라 (자신의 신념을 중심으로) 상대방과 관계를 유지하는 것을 어렵게 만들어줍니다. 신앙은 각자의 본성을 넘어 예수님의 가르침을 따르는 길이며 교회는 내가 아닌 우리가 함께하는 공동체입니다. 하지만 우리는 자신도 모르게 각자의 본성에 따른 신앙생활을 지속하는 경향이 있습니다. 신앙은 자신이 좋아하는 것에 머무르지 않고 공동체 안에서 자신이 힘들어하는 것 또한 기꺼이 수용할 수 있는 마음이 함께 해야 함을 기억합니다.

● 덧붙이며

항상 열심이신 로사 자매님에게 가끔 연락을 드려 안부를 묻습니다. '요즘은 어떻게 지내세요?' 하고 여쭤보면 '요즘 마음이 힘들지만 봉사는 계속 해야 해서 열정을 다시 끌어올리는 중이에요. 너무 열심히 하다보면 모든 게 부정적일 때가 있네요.' 하고 말씀해주십니다.

그럴 때면 저도 '로사 자매님 마음이 힘든 건 예수님을 향한 마음이 아니라 활동에 대한 휴식이 필요하다는 신호이기도 해요. 모두의 평화를 위해서는 로사님의 평화도 정말 중요하거든요. 이럴 때는 조금 쉬어 가시길 추천하고 싶네요.' 하고 말씀드립니다. '네, 그래서 제가 간헐적으로 봉사가 없는 방학 기간에는 좀 쉬기도 합니다.' 하고 웃으십니다.

요즘 본당에서는 봉사자가 많이 부족한 상황이어서 몇몇 봉사자가 많은 일을 도맡아 하는 경우가 많습니다. 때로는 지쳐서 힘든 순간이 올 때도 많아 이럴 때는 잠시 쉬어가도 예수님께서 다 이해해주실 거라고 말씀드리곤 합니다.

평화본성이 가득한 대부분의 봉사자들은 거절하는 것이 힘들어 좀처럼 표현하지 않다가 갑자기 소진되는 상태가 오기 때문입니다. 그래도 우리 로사 자매님은 밝고 따뜻한 긍정본성으로 빠르게 회복할 수 있으니 오히려 감사한 마음입니다.

■ 소피아님 이야기 - 30대, M본당, 세례 받은 지 3년 차

소피아님 신앙 활동 진단지

번호	항목	단어
1	신앙이란?	믿음, 신념, 실천
2	신앙의 실천이란?	믿음, 성실, 봉사
3	사제와 수도자에 관하여	절제, 인내
4	교회와 신자에 관하여	봉사, 친교, 단체
5	신앙생활 안에서 내가 좋아하는 것은?	가르침, 고백, 평화
6	신앙생활 안에서 내가 힘들어하는 것은?	강요된 믿음, 죄책감, 미움과 시기
7	나의 주요 본성	평화, 책임 감성, 열정, 인정, 신념, 불안

■ 소피아님의 신앙 활동 진단지 분석

1. 신앙 : 믿음, 신념, 실천

2. 신앙의 실천 : 단체, 성실, 봉사

소피아님은 신앙에 대해 교리적인 개념보다는 현재 자신의 생각과 신념에 기반하여 이해하고 있는 것으로 보입니다. 아마도 세례를 받은 지 얼마 안 되어 새롭게 신앙을 배워가는 단계라 더욱 그런 것 같습니다.

로사님의 '종교, 믿음, 신, 구원'과 비교해보면, 소피아님은 자신의 인정과 신념 본성에 따라 신앙이 현재 자신이 이해하고 수용하는 범위 안에서 존재하고 있음을 알 수 있습니다.

소피아님께 신앙의 실천은 '단체, 성실, 봉사'입니다. 소피아님은 봉사가 신앙의 중요한 실천 중 하나임을 알고 있지만 자신의 책임본성에 따라 봉사를 하게 되면 성실하게 최선을 다해야 하는데 현재 그럴 수 없는 상황이라 본당의 모임 및 봉사 활동에는 전혀 참여하지 못하고 있다고 했습니다. 이러한 경우 본당 활동을 소홀히 한다고 오해받을 수 있습니다. 이처럼 새 신자의 경우에는 특히 상황에 따른 따뜻한 배려와 이해가 필요한 것 같습니다.

3. 사제와 수도자: 절제, 인내

소피아님은 사제와 수도자에 대해 '절제와 인내'라고 생각합니다. 앞에서 로사님은 사제와 수도자에 관해 개인적인 생각이 아닌 교리적이며 신앙적인 용어(전례, 기도, 성사, 신비주의)로 이루어져 있는 반면 소피아님은 신앙 안에서 신념본성에 따라 자신의 생각과 가치를 표현하고 있음을 알 수 있습니다.

4. 교회와 신자 : 봉사, 친교, 단체

소피아님은 교회와 신자에 관해 평화본성에 따라 단체 안에서 친교를 나누며 책임본성에 따라 성실하게 봉사하는 것이라고 생각합니다. 하지만 내재된 '불안'에 따라 신앙생활 또한 걱정이 생기면 불안이 나타나 힘들어지고, 불안해지면 적극적으로 신앙을 통해 해결하기보다 소심해지며 더욱 움츠러듭니다. 이럴 때면 책임감 때문에 단체 활동을 억지로 하기보다는 우선 개인적인 기도와 성찰을 통해 평화본성을 회복하는 시간이 꼭 필요함을 기억합니다.

5. 신앙생활 안에서 내가 좋아하는 것 : 가르침, 고백, 평화

소피아님이 신앙생활 안에서 좋아하는 것은 평화와 신념본성에서 나옵니다. 자신의 신념과 가치에 따라 원하지 않거나 평화를 깨는 상황이 오면 힘들어집니다. 아직은 신앙의 본질에 충실하기보다는 소피아님의 본성에 따라 고백을 통해 자신을 비워주고 평화를 통해 채워주며 예수님의 가르침을 배우는 것을 좋아합니다.

6. 신앙생활 안에서 내가 힘들어하는 것 : 강요된 모임과 봉사, 죄책감, 미움과 시기

소피아님은 단체행사를 의무적으로 참석해야 하거나 이를 소홀히 할 경우 스스로 죄책감을 느끼는 것이 힘듭니다. 이러한 상황에서 진심으로 친교를 나누지 못하고 누군가를 시기하고 미워하는 마음을 품는 것 또한 힘이 듭니다. 이런 상황은 소피아님의 본성과 어긋나기 때문입니다. 소피아님은 평화본성에 따라 평화가 깨지는 것을 피하려고 노력하면서 책임본성에 따라 의무적으로 어떤 일을 수행해야 할 때 힘들게 느껴지고 이로 인한 죄책감을 겪는 것이 고통스럽다고 느끼고 있습니다.

• 덧붙이며

세례를 받은 지 얼마 안 된 소피아님은 새로운 상황들에 아직은 어색함을 느끼며 내적으로 어려움을 겪고 있었습니다. 그럼에도 진심으로 책임감을 가지고 성실하게 신앙을 실천하려고 노력하고 있습니다. 하지만 때로는 이러한 책임감과 성실함이 너무 힘들게 느껴질 때도 있습니다. 그럴 때에는 잠시 쉬어가며 성찰의 시간을 가지는 것 또한 필요합니다. 소피아님의 평화본성이 그 무게감을 덜어주고 다시 편안하고 아름다운 본성을 찾게 해줄 것입니다.

모든 것에는 때가 있습니다.

하늘 아래 모든 것에는 시기가 있고

모든 일에는 때가 있습니다.

울 때가 있고 웃을 때가 있으며

슬퍼할 때가 있고 기뻐 뛸 때가 있습니다.

찾을 때가 있고 잃을 때가 있으며

간직할 때가 있고 던져 버릴 때가 있습니다.

사랑할 때가 있고 미워할 때가 있으며

전쟁의 때가 있고 평화의 때가 있습니다.

그분께서는 모든 것을

제때에 아름답도록 만드셨습니다.

(코헬렛 3. 1-11)

실천하기

4

이 장에서는 유앤아이 프로젝트를 통한 '경험, 성찰, 실천'의 세 단계가 공동체의 삶 속에서 어떻게 구체적으로 실천되는지 보여줍니다. 나아가 가톨릭 공동체뿐만 아니라 다양한 공동체에서 가톨릭의 소중하고 아름다운 가치를 전함으로써 많은 사람을 희망으로 초대하고자 했습니다.

1. 첫 영성체 부모교육 특강 - '부모와 아이가 함께하는 생명을 위한 교육'

첫 영성체 부모교육 특강은 부모교육에 관한 내용과 함께 신앙에 관한 내용을 중심으로 다루고 있습니다. 우선 몇 가지 질문을 던져보겠습니다. '부모교육이란 무엇일까요?' 이 질문에 대해 대부분의 부모님들은 '좋은 부모가 되기 위한 교육'이라고 정의합니다. 그렇다면 '좋은 부모란 무엇일까요?' 하고 다시 묻게 됩니다.

이어서 다음 질문은 '좋은 부모가 되면 아이들을 어떻게 키우고 싶으신가요?'입니다. 이번에도 대다수의 부모님들은 '우리 아이들이 행복하게 자랐으면 좋겠어요.'라고 대답합니다. '그렇다면 어떻게 하면 아이들이 행복해질까요?' 다시 질문합니다.

이 질문부터는 각자의 의견이 다양해집니다. '행복이란 과연 무엇일까요?'라는 질문을 통해 혹시 부모님이 생각하는 행복에 따라 아이들의 행복도 결정되는 것은 아닌지 생각해봅니다. 유앤아이 프로젝트에서 전하는 부모교육의 주제는 '부모와 아이가 함께하는 생명을 위한 교육'입니다.

Intro - Q&A

- 부모 교육이란 무엇일까요?

- 좋은 부모란 무엇일까요

- 좋은 부모가 되면 아이들을 어떻게 키우고 싶으신가요?

- 어떻게 하면 아이들이 행복해질까요?

- 지금 현재 행복이란 무엇입니까?

프란치스코 교황은 '가정은 사랑과 형제애, 공동생활과 나눔, 다른 이들에 대한 관심과 배려의 가치를 배우고 전달하는 첫째 자리이며, 어머니들이 자녀에게 보여주는 소박한 신심의 몸짓에서 시작되는 신앙의 전수에 탁월한 환경'(『모든 형제들』 114)이라고 하였습니다.

이와 같이 가톨릭 전승은 하느님께서 가정에 특별하고 고유한 교육적 사명을 맡기셨다고 가르칩니다. 부모는 자녀 교육에서 당연하고 대체할 수 없는 주체로서 하느님께 고유한 교육적 사명을 받은 자녀의 가장 중요한 교육자인 것입니다.

가정과 결혼생활에 관한 프란치스코 교황의 권고 「사랑의 기쁨」 7장에서는 자녀 교육을 집중적으로 다루고 있습니다. 자녀들의 윤리교육과 훈육, 인내가 필요한 현실, 성교육, 신앙의 전수에 관한 가정의 역할을 설명하면서 특히 자녀들의 윤리교육은 '이해되고 수용되며 존중되는' 느낌을 받을 수 있도록 실천해 줄 것을 강조했습니다.

특히 '집착은 교육적이지 않다.'고 말씀하시면서 '우리는 자녀가 처한 모든 상황을 통제할 수 없기에, 부모가 자녀의 행방을 알려하고 자녀의 모든 행동을 통제하려 집착한다면 부모는 자녀의 공간만을 지배하는 셈'이라고 지적했습니다.

이어 교황은 '중요한 것은 무엇보다 많은 사랑으로 자녀들이 자유를 키우고 소양을 지니며 온전한 성장을 하고 참다운 자립을 촉진하는 과정으로 나아가도록 이끄는 일'이라고 하였습니다. 이와 같이 아이를 행복하게 키우는 것이 중요한 만큼 아이가 성장하는 과정에서 부모가 놓아주는 것 또한 매우 중요합니다. 이는 아이의 건강한 독립을 위한 준비 단계이기도 합니다. 놓아주기의 첫 번째 단계는 거리두기입니다.

부모는 아이와 적당한 거리를 유지하면서 아이가 스스로 자신을 책임질 수 있도록 해야 합니다. 많은 부모들이 아이에 대한 걱정을 내려놓는 것을 힘들어 합니다. 따라서 걱정과 거리두기 사이에서 올바른 균형을 찾는 것은 부모에게 일생에 걸친 과제라 할 수 있습니다.

그렇다면 '아이의 건강한 독립을 위해 필요한 가장 중요한 것은 무엇일까요?' 우리는 아이를 잘 키우고 싶은 마음에 최선을 다하면서도 사랑이 부족하진 않은지, 또 올바르게 가르치고 있는지 지나치게 걱정한 나머지 자녀에게 집착하는 경향이 있습니다. 이러한 집착은 부모 자신을 병들게 할 수 있으므로, 부모 스스로 자신을 잘 알고, 사랑하는 것이 자녀의 건강한 독립을 위한 첫 단계임을 기억해야 합니다.

■ 첫 영성체 부모 교리 첫 시간 3단계 작업

저는 첫 영성체 부모교리 첫 시간에는 항상 자기소개와 함께 첫 영성체 수업의 의미에 관한 나눔의 시간을 갖습니다. 이 시간은 3단계로 진행되며 1단계에서는 초성카드를 이용합니다. 각 카드 앞면에는 초성이 적혀 있고, 뒷면에는 해당하는 성경구절을 적습니다. 초성 단어를 맞춘 후에는 성서 구절을 묵상하고, 각자 생각한 첫 영성체 교리 수업의 의미를 나눕니다.

1단계

① 초성 ㅊㄷ=초대

"그들을 부르셨다. 그들은 곧바로 배와 아버지를 버려두고 그분을 따랐다." 마태 4,22

② 초성 ㅎㄱ=회개

"회개하는 이들에게는 돌아올 기회를 주시고 인내심을 잃어버린 자들은 위로하신다." 집회 17,24

③ 초성 ㅅㄹ=사랑

"너희가 자기를 사랑하는 이들만 사랑한다면 무슨 상을 받겠느냐?" 마태 5,46

"네 이웃을 너 자신처럼 사랑해야 한다." 마태 22,39

④ 초성 ㅎㄲ, ㄱㄱ=함께, 공감

성경에는 '함께'라는 단어가 3,349번 나옵니다.

⑤ 초성 ㄱㄷㅊ=공동체

"신자들의 공동체는 한마음 한뜻이 되어, 아무도 자기 소유를 자기 것이라 하지 않고 모든 것을 공동으로 소유하였다." 사도 4,32

1단계 작업을 통해 첫 영성체 부모교리는 주님께서 아이들은 물론 부모를 함께 신앙의 자리에 다시 초대해주시는 자리임을 상기합니다. 이 자리에서 우리는 우리의 뜻이 아니라 주님의 뜻으로 이곳에 함께하고 있음을 깨닫게 됩니다.

지금까지의 생각과 말과 행동에서 부족했던 점을 회개하고 다시 주님을 향해 돌아설 수 있도록 주님께서 우리를 사랑하심을 기억합니다. 또한 교회 공동체 안에서 우리는 항상 함께하는 마음으로 서로가 모두를 위해 함께 해야 함을 인지하게 됩니다.

2단계

감정 단어 카드

감동적, 감사, 기쁜, 사랑스러운, 설레는, 신나는, 자랑스러운, 편안한, 행복한, 걱정스러운, 긴장하는 , 두려운, 불안한, 답답한, 짜증나는, 곤란한, 부끄러운, 부담스러운, 부러운, 불편한, 괴로운, 그리운, 미안한, 서운한, 속상한, 안타까운, 우울한, 후회스러운. 든든한, 기적 같은. 부르심, 감격, 떨림, 전환점

2단계는 감정 단어 카드를 이용하여 첫 영성체 부모교리에 참여하는 마음을 솔직하게 나누는 시간을 갖습니다. 부모로서, 또한 신앙인으로서 힘든 점과 어려움을 솔직하게 나누고 서로 기

도를 통해 공동체 안에서 함께하는 존재임을 인지하게 됩니다.

3단계

'나는 (   )한 자녀들의 (   )한 부모입니다.
나는 기도로 (   )를 청합니다.'

마지막 3단계는 '나는 ( )한 자녀들의 ( )한 부모입니다. 나는 기도로 ( )를 청합니다.'라는 문장을 통해 자신과 아이 그리고 부모로서의 모습에 관한 생각을 나눕니다.

예를 들어 '나는 속 깊은 아이의 친구 같은 부모'라 하시며 '아이와 함께 한결같은 신앙을 가질 수 있기를' 청하셨고, '사춘기 같은 자녀의 힘든 부모'라고 하시며 '갈등의 폭이 줄어들기를' 청하셨습니다. 또한 '발랄한 아이의 게으르고 고독한 부모'라고 하시며 '마음속 깊은 곳에서 주님을 마주할 수 있기를' 청하셨습니다.

'예쁜 아이의 부족하지만 노력하는 부모'라고 하시며 '주님과 친해지고 싶다'고 청하셨고, '어두운 면보다는 밝은 면이 많은 아이의 여유가 없는 부모'라 하시며 '미사를 힘들어하는 아이가 좀 더 즐거운 마음으로 미사에 가기를' 청하셨습니다. 또한 '예쁜 아이에게 좋은 어른이 되고 싶은 부모'라 하시며 '성당과 주님이 아이의 정신적 기둥이 되기를 바란다.'고 청하셨습니다.

이와 같이 첫날 3단계 작업을 통해 자신과 아이의 모습에 관해 다양한 관점으로 생각하면서 첫 영성체 부모교리에 임하는 다짐을 함께 나눌 수 있었습니다.

■ 첫 영성체 가정 교리 작업지 – '가족의 좋은 점을 찾아요.'

첫 영성체 가정 교리 작업지에는 '가족의 좋은 점을 찾아요.'라는 주제로 가족의 좋은 점을 쓰는 시간이 있습니다. 이때 저는 작업지와 함께 유앤아이 본성 분석 도구를 사용하여 가족 각자의 본성을 알아보는 시간을 갖습니다. 좋은 점을 찾는 것 외에도 서로의 본성을 파악하고 이것이 가족 관계에 어떤 영향을 미치는지 구체적인 이유를 알기 위한 작업입니다. 이러한 과정을 통해 부부 간 및 부모와 자식 간의 관계에서 가장 가까운 사이임에도 불구하고 서로가 몰랐던 부분을 알아가고 이해하는 기회를 얻을 수 있습니다.

가족 간의 보편적 본성 비교 Sample

사랑본성	
아빠	사랑, 정, 행복, 따뜻함
엄마	정, 행복, 연민, 따뜻함, 선함
딸	따뜻함, 선함
관계본성	
아빠	함께, 포용적
엄마	함께, 공감, 배려, 포용적, 외로움
딸	함께, 공감, 배려
평화본성	
아빠	안정적, 수용적
엄마	유연함, 부드러움, 안정적, 수용적, 우유부단
딸	유연함, 부드러움, 수용적
책임본성	
아빠	성실, 노력
엄마	성실, 사명, 인내, 끈기, 노력
딸	성실

이 분석을 통해 가족에게 네 가지 추가 질문을 하며 함께 좀 더 깊은 대화를 나눴으면 좋겠다고 제안했습니다.

Q1. 아빠와 엄마는 사랑본성이 잘 드러나는데 왜 딸은 사랑, 정, 행복을 고르지 않았는지?

Q2. 엄마는 관계본성이 잘 드러나는데 왜 외로움을 골랐는지?

Q3. 엄마는 평화본성이 잘 드러나는데 왜 우유부단을 골랐는지?

Q4. 딸은 책임본성에서 성실 하나만 골랐는데, 이 부분에서 가족 간에 서로 갈등은 없는지?

그 결과 지금까지는 가족이 모여도 대화가 거의 없거나 간단한 질문에 단답식으로 끝났었는데 이번 기회에 서로 마음 속 깊은 얘기를 솔직하게 나눌 수 있어 기뻤다고 하였습니다. 이제 다시 질문을 해보겠습니다.

Q&A - Again

- 자녀를 잘 키운다는 것은 구체적으로 어떤 의미를 지닐까요?
- 우리는 왜 그토록 애를 쓰며 자녀를 좋은 아이로 키우려할까요?
- 어떤 아이가 좋은 아이일까요?

■ 자녀와 함께하기

저는 '성공한 사람 만들기 프로젝트'로서 부모교육을 하지는 않습니다. 물론 성공한 사람이 되는 것은 중요하고 좋은 목표이지만, 부모교육을 보다 근본적인 차원에서 생각해보고 싶었습니다. 이런 의미에서 첫 영성체 부모교육에 참여하신 부모님들께 '자녀와 함께하기'를 가장 필요하고 소중한 주제로 강조하고 싶습니다.

그 이유는 첫째, 어린 시절에 부모와 함께하는 모든 경험은 그대로 인간 교육의 근본이 되기 때문입니다. 어린 시절의 경험은 어떤 의도에 따른 인위적인 교육보다도 더 중요한 인간 교육이 될 수 있습니다.

이 시기에 형성된 기본적인 가치와 행동은 아름답고 올바른 삶을 위한 기반이 되기 때문에 이 소중한 시기의 경험이 소홀해지거나 잘못 이루어지지 않도록 부모가 배려하고 함께하는 것이 중요합니다.

이와 마찬가지로, 신앙교육도 가정 안에서 함께하는 것이 중요합니다. 첫 영성체 교리교육과 함께 새롭게 시작되는 아이의 신앙은 부모님을 거울로 배우고 따르며 성장하는 과정입니다. 부모와 함께 미사에 참여하고 교리공부를 하며 기도하는 경험을 통해 아이는 부모의 신앙 모습을 그대로 배워갑니다.

둘째, 어린 시절 부모와 함께했던 경험은 성인이 된 후에 힘든 삶을 견디는 위로와 힘이 되어주기 때문입니다. 힘든 시기를 버티며 살아가기 위한 위로와 힘은 사람마다 다양하겠지만 특히 어린 시절 가족과 함께한 소중한 경험과 추억은 인생을 살아가며 두고두고 가장 큰 마음의 안식처가 됩니다. 아름답고 즐거웠던 추억에서 위로를 얻는 것은 더 말할 것도 없고 힘들었던 경험들마저도 어느 순간 나를 지켜주는 힘이 되어줍니다.

따라서 부모님과 어린 자녀들이 함께하는 모든 경험은 아이의 일생을 이끌어주는 버팀목이 되어주며 필요할 때 언제나 위로받고 다시 힘을 내게 해주는 삶의 가장 중요한 원천을 만들어줍니다.

이러한 경험과 추억은 부모님에게도 마찬가지입니다. 아이와 함께했던 모든 경험은 삶이 어렵고 힘들 때 위로와 행복을 주는 소중한 자산이 되어줍니다. 아이와 함께하는 이러한 모든 과정은 부모와 아이 모두에게 깊은 감동과 기쁨으로 남을 수 있어야 한다는 점을 강조하고 싶습니다.

이 내용이 교육적으로 어떤 효과가 있으며 결과적으로 자녀를 얼마나 뛰어난 아이로 만들 수 있는지 등의 이야기를 하려는 것은 아닙니다. 다만 자녀의 성장 과정에서 부모와 함께하는 모든 경험은 자녀와 부모 모두의 삶에 있어 가장 소중하고 행복한 '그 무엇'이 된다는 평범한 진리를 다시 말씀드리고 싶었습니다.

이 과정에서 기본적으로 강조해야 할 중요한 원리는 부모와 자녀 사이에 격의 없고 진심 어린 대화와 소통이 이루어져야 한다는 점입니다. 무엇이든 함께 나눌 수 있다는 사실 자체가 서로에 대한 신뢰를 확인시켜주며, 서로에 대한 이해와 사랑을 깊어지게 합니다.

이로 인해 부모와 자녀는 힘든 삶의 여정을 언제나 함께 걸어가는 가장 깊은 내면의 동반자라는 유대감을 형성할 수 있을 것입니다. 결국, 부모교육의 방향성은 아이와 부모 모두가 행복할 수 있어야 한다는 것입니다. 우리는 그저 뛰어난 아이 만들기 프로젝트를 추구하는 것이 아니라, 진정한 의미에서 아이와 부모가 한 가족으로서 소통하며 함께 즐거울 수 있어야합니다.

■ 베네볼렌시아-생명을 위한 교육

프란치스코 교황은 "우리의 삶은 결코 나와 내 가족의 관계로만 축소될 수 없으며 우리가 이루는 건강하고 참다운 관계는 우리를 성장시키고 풍요롭게 하는 다른 이들을 향해 우리를 열어준다."고 했습니다.

가족과 이웃이 함께하는 아름다운 유대는 서로의 마음을 열게 하여 모든 이를 환대하게 만들어 줍니다. 이것이 바로 주님께서 우리에게 주신 사랑입니다. 이러한 선에 대한 열망, 모두의 삶이 아름답고 숭고하며 유익한 것으로 가득하기를 바라는 마음, 물질적인 행복만이 아닌 아름다운 가치를 향한 노력이 바로 베네볼렌시아(benevolentia, 『모든 형제들』 112)이며 생명을 위한 부모 교육의 소중한 가치입니다.

2. 쉬는 청년 교우 중심의 청년 신앙 보고서 - '우리에게는 쉼이 없습니다.'

박사과정 연구 보고서를 위해 함께 했던 청년들과의 면담을 통해 청년들의 신앙생활에 대한 다양한 이야기를 나눌 수 있었습니다. 그 중에는 열심히 신앙생활을 하면서 본당 활동에 적극적으로 참여했던 청년들이 오히려 현재 쉬는 교우가 된 경우가 많이 있음을 알 수 있었습니다.

면담 과정에서 청년들의 개인적인 신앙 모습을 성찰하고 공동체로서 서로의 의견과 생각을 공유하는 소중한 시간을 가졌습니다. 또한, 청년들이 신앙생활과 관련하여 마주하는 어려움을 이해하기 위해 유앤아이 본성 분석 도구와 신앙 활동 진단지를 함께 실행했고 이를 통해 신앙생활에서 어려움을 겪는 부분의 본질적 원인을 구체적으로 파악할 수 있었습니다.

청년들은 쉬는 교우로 가는 과정에서 3단계 과정을 경험했습니다. 1단계는 청년들이 신앙의 본질에 대한 의심과 신앙생활에서 교회와 신자들에 대한 반감과 실망으로 무의미하고 습관적인 신앙생활을 하게 되는 현상이 드러났습니다.

쉬는 청년 교우들에게 드러나는 1단계 현상

현상	중심 본성
1. 신의 존재 및 신앙의 본질에 대한 의심	이성, 인정
2. 교회와 신자들에 대한 반감과 실망	관계, 감성, 신념
3. 무의미하고 습관적인 신앙생활	열정

1. 신의 존재 및 신앙의 본질에 대한 의심

① 신앙은 삶의 기준이자 진리탐구의 과정

청년들은 신앙생활을 하면서 종교가 일종의 마음공부이자 삶의 기준이 되는 진리일지도 모른다는 생각을 했고 꼭 신의 존재에 관한 문제만은 아닌 것 같다는 생각을 하게 되었습니다.

② 교리적 궁금함에 대한 이해와 답을 찾기 어려움

성경 공부를 통해 교리적인 궁금증에 대한 답을 찾기 위해 노력했지만 오히려 신앙의 걸림돌이 된 경우가 있었습니다. 질문에 대한 정확한 답을 얻지 못한 채 성경과 신에 대한 믿음이 점점 약해졌고, 아무도 정확한 답을 제시해주지 못했습니다.

주위에서 계속해서 믿으면 된다고 하지만 그들이 믿는 것이 무엇인지 이해하기 어려워 오히려 확신을 가진 사람들에 대한 반감이 생겼습니다.

● **분석**

청년들의 본성에 대한 분석 결과 신의 존재와 신앙의 본질에 대해 의심을 품게 된 청년들은 이성본성과 인정본성이 강한 특징을 보였습니다. 이러한 특성으로 인해 그들은 문제에 대해 객관적이고 분석적인 접근을 취하며 자신이 인정하지 않는 것에 대해서는 불확실성을 느끼게 됩니다.

● **솔루션 제안**

쉬는 청년 교우들은 단순히 믿음이 부족하거나 신앙심이 없다는 결론이 아니라 교리적 원리에 대해 납득할 수 있도록 충분한 설명과 논리적이고 분석적으로 그들이 인정하는 것과 인정할 수 없는 부분을 설명해주는 과정이 필요합니다.

신앙에서 모든 것을 정확하게 설명하고 증거를 제시하는 것이 항상 올바른 접근은 아니지만 청년들에게는 이러한 측면 또한 필요하다는 사실을 인지하는 것이 중요합니다.

2. 교회와 신자들에 대한 반감과 실망

① 교회의 보수적인 분위기에 대한 반감

성경공부를 하면서 무조건적인 믿음에 대한 혼란을 느끼게 되었고 이로 인해 거부감이 들면서 무엇인가 강요하는 분위기에 대한 반감이 커졌다고 했습니다. 이러한 경험으로 청년부 활동에도 실망이 커졌고 교회 자체의 보수적인 분위기가 더 부정적으로 강조되었다고 했습니다.

② 고지식하고 원칙적이며 배타적인 사람들에 대한 회의와 실망감

주일학교 동료 교사에 대한 회의감과 청년활동 구성원들에 대한 실망은 점점 커진 반면 성당 밖에서 오히려 좋은 사람들을 만났고 특히 한 청년은 불교의 정토회 모임에서 만난 청년들이 더욱 성숙하고 편하다는 생각을 갖게 되었다고 했습니다. 성당 안에서는 고지식함과 원칙주의를 느꼈지만 밖에서는 자유로움을 갖게 되었다고 했습니다.

● **분석**

교회와 신자들에 대해 반감과 실망을 갖게 된 청년들은 두 가지 본성 유형으로 나눌 수 있었습니다. 관계와 감성 본성을 가진 청년들은 서로의 관계에서 공감하고 배려하며 포용하는 것을 중요시하지만, 이러한 가치가 이해받지 못할 때 외로움을 느끼게 됩니다.

한편 신념본성을 가진 청년들은 자신의 원칙과 일관성에 따라 신념을 중요시하지만 그렇지 못한 상황에서는 수용이 힘듦을 알 수 있습니다.

● **솔루션 제안**

관계와 감성 본성을 가진 청년들은 단체 안에서 사람들과의 관계 때문에 힘들어하는 경우가 많습니다. 이런 경우 모든 상황을 다 맞춰 줄 수는 없지만 힘든 부분에 대한 공감과 따뜻한 위로가 필요합니다. 또한 신념본성을 가진 청년들은 신앙 안에서 그들이 가장 중요하게 생각하는 생각과 원칙에 관해 충분한 대화를 통해 나누는 과정이 필요합니다.

3. 무의미하고 습관적인 신앙생활

① 자신의 의지와 상관없이 이루어진 세례성사

생각해보면 기억에 없는 유아세례나 자신의 의지와 상관없이 받은 견진성사 등이 오히려 문제라는 생각도 든다고 했습니다. 세례 받은 지는 오래 되었지만 오히려 교리도 잘 모르고 성경공부도 충분히 하지 않은 채로 신앙생활을 지속했다는 생각이 들어 회의감이 든다고 했습니다. 만약 진심으로 원하고 준비가 되었을 때 세례를 받았다면 조금은 다른 모습을 보였을지도 모른다는 생각을 하게 된다고 했습니다.

② 의무적이고 습관적인 미사참여

미사는 가족과 함께 꼭 가야 하는 규칙이었기 때문에 때때로 억지로 참석해야 했고 그러다 보면 집중하지 못하는 경우가 많았다고 합니다. 가지 않으면 부모님과 싸우게 되어서 아무 생각 없이 가기도 했고 특히 고3 때는 시간 낭비라는 생각까지 들었다고 했습니다. 반면에 오랜 습관이 되어버린 신앙생활이지만 이제는 가지 않으면 왠지 허전함도 느낀다고도 했습니다.

● **분석**

무의미하고 습관적인 신앙생활을 힘들어하는 청년들은 대부분 열정본성을 가진 청년들이었습니다. 이들은 자신이 좋아하고 열정을 가진 것에는 끊임없이 도전하지만 그렇지 않은 경우 그만큼 지치고 무기력해지면서 포기하는 경우가 많았습니다.

● **솔루션 제안**

열정본성을 가진 청년들에게는 신앙 활동을 열심히 했던 때를 떠올리며 그때와 지금 달라진 점과 그 이유에 관해 충분히 얘기하는 것이 중요합니다. 신앙이 성숙으로 가지 못하고 중단으로 가는 경우에는 이에 따르는 자신만의 이유가 분명히 있기 때문입니다. 그 이유에 대해 옳고 그름을 얘기하는 것보다는 청년들이 본래 가졌던 열정의 마음을 회복하도록 도와주는 것이 필요합니다.

1단계에서 청년들은 신앙의 본질에 대한 의심과 교회 및 신자들에 대한 반감과 실망으로 인해 무의미하고 습관적인 신앙생활을 하게 되었습니다. 그러나 이들은 자신의 신앙을 포기하지 않고 지키고자 했으며 이를 위해 개인적인 노력을 기울이고 있음을 알 수 있었습니다

쉬는 청년 교우들에게 드러나는 2단계 현상

현상	중심 본성
1. 신앙인으로서 정체성 찾기	신념
2. 내적 신앙생활에 충실	신념

1. 신앙인으로서 정체성 찾기

① 힘든 환경을 통해 만나게 되는 신앙

청년들은 교회와 신자들에 대해 실망했음에도 불구하고 자신의 신앙을 지키기 위해 노력하며 성당을 찾게 되는 순간들을 기억했습니다. 가장 힘들 때에는 우선 성당을 찾게 되며 혼자서 감당하기 어려운 순간에는 가장 먼저 기도하게 된다고 했습니다. 고통을 마주할 때마다 주님께 기도하며 버텨나가는 힘을 얻게 된다고 얘기했습니다.

② 신앙인으로서 자기 정체성의 확신

신앙 활동은 열심히 안 하지만 자신이 그리스도인이라는 확신이 있었고 성당을 나가지 않아도 신자라는 생각에는 변함이 없다고 했습니다. 습관적으로 미사를 나갈 때 오히려 신앙인으로서 확신이 없다고 했습니다.

2. 내적 신앙생활에 충실

외적인 신앙 활동에 대한 실망을 통해 오히려 내적인 마음가짐
의 중요성을 확신하게 된 청년들은 마음속에 무엇인가 더 깊은
것을 느낀다고 했습니다. 그 결과, 그들은 신앙생활은 단순히 열
심히 활동하는 것만으로 이뤄지는 것은 아니며 진정한 의미의
신앙은 내면에서부터 비롯된다는 것을 깨달았다고 했습니다.

● **분석**

2단계에서 신앙을 지속하기 위한 노력으로 신앙인으로서 정체
성을 찾고 내적 신앙생활에 충실하려는 청년들은 신념본성이
큰 청년들이었습니다. 따라서 그들이 지닌 신앙에 대한 생각이
혹시 자신들의 신념 안에 갇힌 것은 아닌지 그들의 생각을 충분
히 들어보며 나누는 과정이 필요합니다.

● **솔루션 제안**

1단계에서와 같이 신념본성을 가진 청년들과 신앙 안에서 그들
이 가장 중요하게 생각하는 원칙에 관해 충분한 대화를 나누는
과정이 필요합니다. 다만 그들이 지키고자 하는 신념 때문에 신
앙 안에서조차 자신의 원하는 대로 신앙생활을 하게 되는 것은

아닌지 정확히 알려주고 진단해주는 과정이 필요합니다.

1,2 단계를 거쳐 3단계에 이른 청년들은 자신의 고민과 갈등에 대한 확신을 갖지 못한 채 신앙에 대한 실망감으로 결국 쉬는 교우가 됨을 알 수 있었습니다.

쉬는 청년 교우들에게 드러나는 3단계 현상

현상	중심 본성
1. 신앙에 대한 실망감	신념
2. 사람에 의한 영향력	관계

1. 신앙에 대한 실망감

교회와 신자들에 대해 실망한 청년들은 외부적인 시각으로 확장되어 사회 분위기 속에서 실망스런 모습들을 접하게 된다고 했습니다.

영화 〈스포트라이트〉나 시사프로그램을 통해 보이는 가톨릭 교회에 대한 전반적인 배신과 회의감, 정치적인 색깔이 짙은 사제들에 대한 거부감 그리고 수도자들에 대한 실망 등을 경험하며 확신이 없는 만큼 부정적인 시각에 더 동의하게 된다고 했습니다.

● 분석

이 경우의 청년들도 신념본성에 따라 자신의 기준에 따라 옳은 것과 그른 것을 판단하며 신앙적인 면보다는 다른 영역에 더 중점을 두는 경향을 보였습니다. 1,2,3단계를 거치면서 신념본성이 강한 청년들과 깊은 대화와 나눔이 필요하다는 사실을 더욱 확실하게 알게 되었습니다.

2. 사람에 의한 영향력

청년들은 사람에 의한 실망을 경험했지만 여전히 자신의 신앙을 이끌어줄 신앙 멘토의 필요성을 깊이 느끼고 있었습니다. 물론 사제와 수도자 그리고 대부모가 있지만 자신의 신앙이 흔들릴 때나 혼자서 극복하기 어려운 순간에는 교리적인 면과 관계적인 면을 잘 이끌어줄 참된 신앙인이 있었으면 좋겠다는 생각을 대부분 가지고 있었습니다.

● 분석

청년들은 신앙 멘토에 대한 간절함이 컸고, 그들 대부분은 '관계본성'을 갖고 있었습니다. 교회 공동체 안에서 혼자가 아니라 서로가 모두를 지켜주는 존재로서 공감하고 배려한다면 좀 더 신앙적으로 성장할 수 있을 것이라는 기대와 희망을 품고 있었습니다.

● **솔루션 제안**

결국 쉬는 교우에 이르게 된 청년들은 스스로 노력하는 과정에서 원하는 충분한 솔루션을 얻지 못해 신앙 안에서 자신들의 본성이 점점 더 확고해지는 경우를 볼 수 있습니다. 그래서 3단계에 이른 청년들에게는 신앙의 본질에 관한 질문과 본성에 관해 명확하고 꼼꼼한 답을 주는 것이 필요합니다.

이처럼 청년들은 신앙인으로서의 정체성에 혼란을 겪으면서 교회의 가르침에 따라 교회 안에서 정체성을 찾기보다는 스스로 의미를 부여하며 주관적이며 선택적인 신앙생활을 유지하려는 경향이 있습니다. 이는 잘못하면 그리스도 신앙의 의미가 왜곡되어 개인적 신앙 안에 혼자 머무를 위험이 있습니다.

따라서 교회는 청년들에게 연대와 공동체의 중요성을 다시 한번 강조할 필요가 있습니다. 혼란스러운 신앙의 과도기를 혼자 고민하기보다 공동체 안에서 함께 고민할 기회의 장을 마련해주어야 하는 것입니다. 신앙생활은 단기간에 원하는 목표를 이루고 끝내는 목표지향적인 과정이 아니기 때문입니다.

신앙인으로서 어느 시기에 신앙에 대해 의구심을 품거나 부정적인 생각을 가지는 건 지극히 일반적이며 오히려 신앙적으로 성숙하기 위해 필수적인 단계라 할 수 있습니다. 따라서 교회는 이러한 청년들에 대해 권위적이고 배타적인 태도를 취하기보다 그들의 의심과 궁금증을 해결하기 위해 함께 노력할 의무가 있습니다.

프란치스코 교황은 "젊은이들은 어른들의 말과 모범을 기다리고 있습니다. 동시에 젊은이들은 그들의 열정, 책임 그리고 진리를 향한 목마름을 지니고 있으며 세상을 향해 내어놓을 것들도 아주 많이 가지고 있습니다."라고 말씀하셨습니다.

청년들이 교회 안에서 그 답을 찾지 못한 채 쉬는 교우가 되어 교회 밖에서 그들의 정체성을 찾기 위해 헤매지 않도록, 그리스도 안에서 진정한 신앙인으로 성숙할 수 있도록 교회가 영적 성숙의 장이 되어야 할 것입니다.

3. 가톨릭 교육자의 소명 -'가톨릭 교육자를 위한 마음 챙김'

■ 가톨릭 교육과 가톨릭 교육자

① 가톨릭 교육이란 무엇인가?

가톨릭 교육이 무엇인지를 알기 위해 우리는 우선 '가톨릭(Catholic)'이라는 단어의 의미를 알아야 합니다. 가톨릭은 '보편적인 혹은 모든 이를 환영하는'이란 의미를 지니고 있습니다. 안티오키아의 성 이냐시오는 처음으로 'catholic'이란 단어를 사용하면서 예수님이 계신 곳에는 가톨릭교회가 있으며, 포용과 환대 즉 보편성은 예수님이 보여주신 정신이라고 했습니다.

'교회는 항상 보편성에 대해 도전받으면서 보편성의 실현을 요청받는다.'는 가톨릭교회 교리서의 말씀처럼 하느님의 백성들도 마찬가지로 경계 없는 사랑을 살아야 한다고 말씀하십니다.

가톨릭의 보편성은 인간의 다양성을 환영하고 모든 인류와 형제자매로 연대하며 살아갑니다. 보편성을 가진 공동체는 근본적으로 다양한 사람들과 다양한 관계에 포용적이며 낯선 이들 특히 가장 도움이 필요한 이들을 환영해야 합니다. 따라서 가톨릭 교육 또한 모든 이를 환영하며 하느님의 구원 의지의 보편성과 예수님에 대한 믿음으로 모두를 긍정하기 위한 교육을 해

가톨릭 교육자의 소명

① 그리스도교 전통에 대한 지식과 깊은 사랑 안에서 배우고 성장하게 하되 경직된 이데올로기나 유일한 방법으로 가르치지 마라

② 그리스도교 공동체의 정체성을 알려주고 형성하게 하라. 그러나 그들에게 하느님께는 '거처할 곳이 많다.'라는 사실을 항상 상기시켜라.

③ 예수님께서 가르쳐주신 것처럼 모든 사람에 대한 깊은 존중과 진정한 돌봄을 격려하면서 하느님 사랑의 보편성을 교육과정을 통해 가르쳐라.

『The vocation of catholic educator(가톨릭 교육자의 소명)』* 중에서

야 하는 것입니다.

② 가톨릭 교육자란 누구인가?

"많은 사람을 정의로 이끈 이들은 별처럼 영원 무궁히 빛나리라."(다니 12, 3)

------

* Educational Monography Series, Richard M.Jacobs. NCEA(National Catholic Educational Association, June 1, 1996)

가정, 학교, 본당 등 다양한 곳에서 가톨릭정신을 가르치는 모든 사람은 가톨릭 교육자입니다. 가톨릭 교육자는 자신의 믿음, 희망 그리고 사랑으로 인간의 삶에 대한 가톨릭적 비전의 고유한 의미와 가치를 상징하는 제자들입니다.

'가톨릭 교육자들은 그들의 소명을 통해 좀 더 삶의 거룩함과 온전함으로 부름 받고 있습니다. 가톨릭 교육자가 된다는 것은 소명의 탁월한 본보기입니다. 소명은 내면의 스승에 대한 믿음을 요구하고 학습자들이 근본적으로 선하고 인간답게 살아갈 엄청난 가능성을 갖고 있다는 깊은 믿음을 요구합니다.'(가톨릭 교육자의 영성)

이러한 가톨릭 교육자의 소명은 오랜 시간을 요구하며 장기적인 전망을 가져야 하며 하느님과 다른 교육자들 그리고 학습자들과의 관계에서 용기를 얻음으로써 계속해서 앞으로 나아갈 수 있습니다.

③ 스승 예수님

"그러므로 하늘의 너희 아버지께서 완전하신 것처럼 너희도 완전한 사람이 되어야 한다."(마태 5.48)

'완전'은 하느님의 뜻입니다. 예수님께서 산상 설교에서 '완전 하라.'고 하신 이유는 완전한 신앙을 목표로 나아가라는 데에 있습니다. 이는 우리도 완전함이라는 목표에 도달할 수 있으니 포기하지 말고 인내하며 완주하라는 뜻이 담겨져 있는 것입니다.

예수님께서 하느님 나라를 선포하시면서 몸소 보여주신 것처럼 우리도 내 생각과 내 기준에 따라 마음대로 완전을 하향 조정해서는 안 됩니다. 완전은 가만히 있어도 저절로 이루어지는 것이 아니라 쉼 없이 적극적으로 성숙해지도록 노력해야 완전해질 수 있기 때문입니다.

● **성경에 나타난 스승 예수님**

가톨릭 교육자에게 '스승 예수님'은 자신의 삶과 업무를 성찰할 수 있는 가장 강력하고 설득력 있는 존재입니다. 예수님께서 제자들에게 '가서 모든 민족을 가르치라'고 명령하신 이야기는 가톨릭 교육자의 소명에 관한 성경적 관점을 형성하며, 이를 통해 가톨릭 교육자는 자신의 '일'과 '소명', 즉 자신이 하는 일과 그 이유를 구분할 수 있게 됩니다.

"예수님께서는 이어서 그들에게 이르셨다. 너희는 온 세상에 가서 모든 피조물에게 복음을 선포하여라."(마르 16, 15)

제자들의 복음 선포에는 제한이 없었으며 모든 나라와 민족에게 선포해야 했습니다. 이는 혁명적인 메시지였습니다. 예수님께서는 열한 제자에게 세계 각지로 가서 모든 사람에게 복음을 전하라고 명령하시면서 유다인만이 하느님의 선택된 민족이라고 가르쳤던 유다교 신학의 경계를 무너뜨리셨습니다.

'가르치라'는 이 명령은 곧 모든 사람을 하느님의 가족으로서 완전한 친교에 참여하도록 초대하라는 명령이었습니다. 이처럼 가톨릭 교육자가 자신이 하는 일을 지속하는 이유는 주님께서 그들을 통해 사도직을 수행하고 용기 있는 사랑을 보여주는 기적을 행하도록 허락하신다는 의미입니다.

따라서 가톨릭 교육자의 소명은 멀리 희망적인 미래가 아니라 바로 '지금, 여기'에서 하느님 나라를 실천하라는 도전입니다. 가톨릭 교육자와 학습자는 사랑의 유대감으로 함께해야 하며, 이것이 가톨릭 교육자 소명의 핵심입니다. 이 소명은 배워서 얻어지는 기술이 아니라 하느님과 이웃에 대한 사랑을 통해 완전함으로 인도하시는 하느님의 은총입니다.

④ 마음 챙김 프로그램

● 마음 챙김

가톨릭 교육에서 마음 챙김은 가톨릭 교육자와 학습자 모두 희망에 근거한 비전을 가지고 회심의 은총을 통해 공동체 안에서 믿음과 희망으로 성장할 수 있도록 영감을 주기 위한 성찰적 실천 행위입니다.

'마음 챙김 프로그램'은 교육자 자신뿐만 아니라 교육자와 학습자 모두 서로에 대한 이해와 공감을 바탕으로 함께 행복해지기 위해 시작된 유앤아이 프로젝트 중 하나입니다. 이 프로젝트는 인간은 하느님의 모습으로 창조되었다는 이마고 데이에서 출발하며 우리 모두가 하느님을 닮아 서로에게 선하고 소중한 존재이며, 공동체 안에서 관계적인 존재이고, 서로를 지키며 평화를 이루는 존재임을 기억합니다.

공동체성을 위한 '마음 챙김' 성장 단계

단계	내용
자아 중심 단계	자신의 감정에 충실한 단계
공동체 중심 1단계	타인을 바라보는 단계-관점 전환 단계
공동체 중심 2단계	타인을 이해하는 단계
공동체성 성장 경계 단계	회심의 은총 단계
공동체 중심 3단계	타인을 수용하는 단계-의식 전환 단계
공동체 중심 4단계	나와 너가 아닌 우리로서 생각하는 단계

공동체 성장의 과정은 자아 중심 단계에서 시작하여 관점 전환

을 통해 공동체 성장의 경계를 넘어 의식적으로 공동체 중심의
4단계로 나아가는 긴 여정입니다.

- 우리는 '하고 싶은 일'에 집중하는 자아 중심 단계에서 '관점
전환'을 통해 타인을 바라보는 공동체 중심 단계로 들어갈 때 첫
번째 힘듦을 경험합니다.
  - 이 경험을 통해 우리는 공동체 중심 2단계로 나아가며 '하고 싶
은 일'과 '해야 할 일' 그리고 '할 수 있는 일'의 조화를 이루면서 공
동체 안에서 함께 성장하며 행복해지는 방법을 깨닫게 됩니다.
- 이제 다음 단계로 나아가기 위해 우리는 '공동체성 성장 경계
단계'를 넘어야 합니다. 이 단계는 '의식 전환'을 거쳐 공동체 중
심 3단계와 4단계로 나아가는 과정이며 이전 단계에 비해 훨씬
더 힘든 단계입니다.
- 많은 사람들은 '공동체성 성장 경계 단계'를 넘지 못한 채 다시
자아 중심 단계로 되돌아가 혼란스럽고 무기력하며 갈등하는
상태를 반복하게 됩니다.
- 하지만 '공동체성 성장 경계 단계'를 넘어 공동체 중심 3단계
와 4단계로 나아가면 그 이후로는 회심의 은총을 통해 공동체
안에서 믿음과 희망으로 사랑, 관계, 평화, 책임 본성을 따르며
자신의 탈렌트 본성에 따라 함께 성장하며 행복해지는 길을 걷

게 될 것입니다.

• '나와 너'가 아닌 '우리'로서 생각하는 공동체 4단계에서 우리
는 루카복음의 착한 사마리아인의 비유를 마주하게 됩니다. 이
는 종교적 신념을 떠나 선의를 실천하려는 모든 사람과 함께하
는 마음으로 우리 모두가 공감하며 이루고 싶은 단계입니다.

공동체 안에서 우리는 다른 사람에게 가까이 다가가 스스로
먼저 다른 사람의 이웃이 되어주어야 합니다. 고통 받는 사람을
외면하지 않고 곁에 있어주는 것이 사랑입니다. 타인을 향한 연
민과 사랑은 하느님 앞에서 또 자신의 삶 안에서 커다란 은총이
며 그런 이유로 사명이기도 합니다. 이렇게 타인의 고통에 진심
으로 공감할 때 비로소 우리도 자신의 고통에서 자유로울 수 있
습니다.

이 책 마지막에 이르렀을 때 마침내 자신에게 꼭 필요한 솔루
션을 함께 찾을 수 있기를 희망한다는 프롤로그의 바람처럼 짧
은 여정의 마지막에서 '여러분은 자신만의 솔루션을 찾으셨나
요?' 그리고 '불편한 진실을 마주할 용기를 내어 소중한 존재로
서의 자신을 새롭게 발견하셨나요?'

앞에서 우리는 함께 성장하며 행복해지기 위해 공동체 안에
서 보편적 공동체성을 갖는 동시에 각자의 고유한 특성 또한 존

중해야 한다는 사실을 이야기했습니다. 서로의 다름 때문에 타인을 차별하고 판단하지 말아야 한다는 것입니다.

프란치스코 교황은 『모든 형제들』에서 이 두 가지 사실과 함께 형제적 책임감을 강조했습니다. 모두가 연결되어 있는 하느님의 피조물이라는 사실을 인식하고 서로를 향해 책임감을 가질 때 우리는 참다운 자유를 누리게 된다고 했습니다.

'겸손한 마음으로 서로 남을 자기보다 낫게 여기십시오. 저마다 자기 것만 돌보지 말고 남의 것도 돌보아 주십시오. 그리스도 예수님께서 지니셨던 바로 그 마음을 여러분 안에 간직하십시오.'(필리 2,3-5)라는 사도 바오로의 말씀처럼 예수님께서 지니셨던 그 마음으로 여러분 또한 타인의 고통을 함께 돌보며 공동체 안에서 열려 있는 마음으로 서로를 향하여 다가갈 것을 희망합니다.

"기억이란 산 자의 윤리요,

뒤에 오는 자들의 책임일 게다."

- 김지하 회고록
『나의 회상, 모로 누운 돌부처』 중에서

1

지나고 보면 그날은 기적 같은 하루였습니다. 힘들 때면 늘 기도 중에 아빠를 떠올립니다. '아빠라면 어떻게 하셨을까?' '아빠가 계셨다면 나에게 뭐라 말씀해주셨을까?'

그날, 인터넷으로 신간 도서 목록을 살펴보던 중 김정남 선생님의 책 제목 『그곳에 늘 그가 있었다』가 눈에 띄었습니다. 김정남 선생님은 대중에게는 영화 〈1987〉에서 설경구가 한 역할로 유명하신 분이기도 합니다.

아빠에 관한 선생님의 글을 온라인에서 간간히 읽었던 기억이 떠올라서 혹시나 하는 마음으로 차례를 보니 '우리 시대의 의

협 박윤배'라는 소제목이 있었습니다. 놀라고 설레는 감정을 안고 바로 서점으로 달려가 아빠에 관한 내용을 읽으면서 울다가 다시 또 읽다가를 한참이나 반복했습니다.

선생님께 어떻게든 연락을 드리고 싶은 간절한 마음으로 책을 펴낸 창작과비평사 담당자에게 메일을 보냈습니다. 선생님은 핸드폰을 사용하지 않으시고 집전화만 갖고 계시다는 얘기를 듣고 며칠 후 선생님께 꼭 전해달라고 부탁드리며 메일로 편지를 썼습니다. 그리고 드디어 선생님과 통화를 할 수 있었습니다. 선생님께서는 고맙고 미안하다고 거듭 말씀하셨고, 나도 울먹이며 너무 감사드린다고 꼭 건강하시라고 말씀을 전했습니다.

김정남 선생님께

선생님 안녕하세요?

저는 고 박윤배님의 둘째딸 박재신이라고 합니다. 창작과비평사에서 배려해주셔서 이렇게 선생님께 글을 전달할 수 있게 되어 진심으로 기쁘고 감사드리는 마음입니다.
선생님의 책 소제목에 아빠 이름이 나와 있는 걸 보고 처음엔 깜짝 놀랐고, 읽고 나서는 가슴이 먹먹해졌습니다. 그리고 아빠 이름을 검색해보면서 생각보다 많은 아빠에 관한 많은 글들을 보고 많이 놀라기도 하면서 많은 생각들을 하게 되었습니다.

아빠가 돌아가신 지 30년이 지났고, 저도 어느새 돌아가신 아빠 나이가 되었습니다. 건강하시던 아빠가 갑자기 돌아가시면서, 모든 것들이 갑작스러웠고 그만큼 힘들었던 것 같습니다.

남겨진 가족들도 아빠를 갑작스럽게 떠나보내면서 그렇게 우리가 기억하는 따뜻하고 멋지고 좋은 아빠로만 품고 지낸 것 같았습니다.

하지만 시간이 지날수록 아빠의 말씀이 그립고, 가르침이 필요할 때면 아빠의 빈자리가 더 크게 느껴졌습니다. 그저 가슴에 묻고, 그리움만 지닌 채 살아오다 선생님 글을 읽고 마치 아빠의 말씀을 직접 듣는 것 같았습니다.

집에선 말씀을 잘 안 하셔서 통 몰랐고, 돌아가신 후 엄마를 통해서 간간히 들었던 아빠의 말씀과 생각과 행동들을 이렇게 선생님 글 속에서 읽다보니 직접 제게 말씀을 해주시는 것만 같았습니다.

어릴 적 자주 뵙던 아빠 친구 분들-채현국 아저씨, 임재경 아저씨, 백낙청 아저씨, 이선휘 아저씨, 이부영 아저씨, 이종찬 아저씨. 아빠가 돌아가신 후 뵙지는 못했지만 그저 친근한 아빠 친구가 아니라 엄청난 일들을 하신 분들이라는 것을 돌아가시고 한참이 지나 알게 되었습니다.

어느새 85세를 넘으신 엄마와 한 번도 아빠를 만난 적 없는 사위, 며느리, 손자, 손녀에게도 선생님의 글은 커다란 선물이 되었습니다. 아빠를 직접 만날 수 없지만, 그래도 아빠가 살아오신 삶대로 저희 가족이 어떤 가치를 갖고 어떻게 살아가야 하는지에 관해 함께 얘기하고 나눌 수 있는 소중한 시간이 되었습니다. 살면서 굽이굽이 아빠가 그립고 필요할 때면 선생님의 글을 통해 아빠의 생각과 말과 행동을 기억하며 또 살아갈 힘과 용기를 내보겠습니다.

저희 가족 모두에게 커다란 선물을 주셔서 너무 감사드립니다. 늘 건강하시길 멀리서도 항상 기원하겠습니다.

2020. 10. 21.
박재신 드립니다.

3년이 지난 지금도 그날의 기억이 생생합니다. 아빠를 직접 만난 것 같은 기적 같은 하루. 어쩌면 그 하루가 이 책을 마무리할 수 있도록 긴 여정을 걷게 한 힘이 아니었을까 생각합니다.

2

오지섭 사도요한의 『논어』 위정편(爲政編) 강의를 듣다보면 종종 사람들이 이렇게 질문을 합니다.

"교수님은 요즘 세상에 정의가 있다고 생각하십니까? 제 생각엔 공자님이 틀린 것 같습니다."

"정의는 분명히 존재합니다. 다만 요즘 세상에서 그 정의를 찾기가 어려울 뿐입니다. 정의를 실천하지 않는 것과 정의가 없다고 생각하는 것은 확연히 다릅니다. 특히 우리 신앙인들에게는 더욱 그렇습니다. 보이지 않는 곳에서 정의, 하느님의 정의는 여전히 강물처럼 소리 없이 흐르고 있습니다. 비록 아주 소수의 사람이지만 이렇게 정의가 있다고 믿고, 정의를 실천하려는 여러분들 덕분에 세상은 유지되는 것입니다."

오래전 아빠에게 배웠던 따뜻한 정의를 여전히 배우며 살아가고 있습니다. 삶은 언제나 어렵고 힘든 여정이지만, 그럼에도 이 책이 사람들의 마음에 따뜻한 정의를 전달할 수 있기를 진심으로 바랍니다.

부록

■ 유앤아이 본성 분석 도구 연구 방법

1. 연구 참여자 선정

이 연구를 위해 실증적인 조사를 통해 이론을 생성하는 질적 연구 방법인 근거이론 방법론을 채택하였다. 연구 참여자 선정은 연구자가 관심을 가진 경우를 의도적으로 선택하여 연구 대상으로 삼는 의도적 표본추출 방법을 사용하였다. 이를 위해 질적 연구의 참여자 선정을 위한 표본추출의 두 가지 원리인 적절성과 충분함을 고려하였다. 사전 설문지 작업을 우선한 후 심층면 담을 하였고, 이를 현상의 개념화, 범주화, 개방 코딩, 축 코딩, 선택 코딩을 거쳐 인간의 본성에 대한 이론적 틀을 제시하였다.

2. 자료 수집 방법

2022년 6월 1일부터 7월 31일까지 3개월 간, 100명의 연구 대상자들에게 이메일 및 온라인을 통해 사전 설문지를 전달했고, 이 중 97명이 결과지를 제출했다. 분석이 어려운 결과지 35장에 대해서는 2022년 8월 1일에 2차로 설문지를 보냈고, 8월 15일에 35장 모두 결과지를 받았다. 이 중 분석에 대한 명확한 피드백을 얻기 위해 인터뷰를 신청했고, 그 중 7명을 대상으로 2022년 9월 1일부터 10월 31일까지 개별적으로 심화 인터뷰를 진행하였다. 약 5개월 동안의 설문 조사와 인터뷰를 통해 모든 자료를 수집하였다.

인터뷰 샘플 자료 1

OO님 4단어: '달콤 쌉싸름한' '무모한 믿음' '이룰 수 없는 꿈' '화려한 새벽'

OO님은 '매우 스마트하지만 진형적인 모범생은 아닌, 자유로운 영혼을 지녔지만 예의 바른, 해야 할 일과 하고 싶은 일 사이에서 늘 고민하는' 멋진 청년입니다. 현재 회사에서 영상 디자이너로 근무하고 있지만, 패션과 음악에도 관심과 재능이 많아 취미를 넘어 활동 중입니다. 압도적으로 특별했던 OO님의 4단어를 저 또한 깊은 호기심으로 분석했습니다.

OO님의 전체적인 특성은 '특별하다, 도전한다, 자신감 있다, 열정이 있다'입니다. '달콤 쌉싸름한, 꿈, 화려한 새벽'은 OO님의 특별함을 나타냅니다. OO님은 타고난 재능과 독특하고 멋진 성향을 갖고 있기에 평범하고 일반적인 것들을 거부하며, 자신만의 특별함을 추구합니다. 이러한 특별함은 OO님만의 기준과 원칙에 따라 노력하여 얻을 수 있는 특별한 결과를 의미합니다. 이는 '독특함'에 해당합니다. OO님은 자신의 특별함이 인정받지 못하면 스트레스를 받을 수 있습니다. 만약 OO님이 어떤 상황에서 일반적이고 평범한 선택을 했다면 그것은 오히려 OO님에게는 부정적인 상태임을 의미합니다.

OO님의 '무모한 믿음, 이룰 수 없는'은 특별하고 멋진 삶을 위한 OO님의 '열정'과 '긍정'을 의미합니다. OO님은 이룰 수 없거나 남들이 무모하다고 생각하는 일에도 거침없이 열정적으로 도전합니다. 이러한 열정은 자신에 대한 믿음과 긍정적인 마음에서 비롯됩니다. 열정을 갖고 도전하는 만큼, 자신이 원하는 결과를 얻지 못하면 포기와 단념으로 이어질 수 있습니다. 따라서 '수용과 순응'이라는 단어는 OO님에게는 아무런 열정도 도전도 없는 부정적인 상황을 의미합니다.

OO님은 귀한 탈렌트를 갖고 있지만, 삶은 단순히 의지대로 흘러가지 않기에 사회적 성향으로 변할 때 고통과 스트레스를 경험할 수 있습니다. 누군가에게는 일상적이고 순응적인 삶이 행복의 기준이 될 수 있지만, OO님은 그렇지 않습니다. 패션과 음악 관련 일을 하고 싶어 하지만, 이를 위해 직장 생활이 꼭 필요하다는 것을 알고 있었습니다. 자유로운 영혼인 OO님에게 규칙적인 직장 생활은 어려울 수밖에 없습니다. 그럼에도 불구하고 멋진 능력을 발휘하여 영상 디자이너로 일하는 모습을 보면 기특하기만 합니다. 자신의 본성과 사회적 성향을 잘 알고, 두 가지를 조화롭게 조절하는 OO님의 노력을 항상 응원합니다.

인터뷰 샘플 자료 2

OO님 4단어: 'abyss' '회전목마' '냉정' '속죄'

제가 아는 OO님은 한때 반항아였지만 그때도 지금도 여전히 멋진 젠틀맨입니다. 영특했지만, 그만큼 노력하지 않아 제게 혼도 많이 났습니다. 하지만 늘 따뜻했고 재미있었고, 선한 눈을 가진 청년이었습니다. 모진 질풍노도의 시기를 지나 지금은 열심히 회사 생활을 하고 있지만 저는 OO님을 생각하면 지금도 왠지 마음이 짠합니다.

OO님의 4단어는 결코 평범하지 않은 단어들의 조합이었습니다. 'abyss'는 신중함으로, '회전목마'는 유머로, '냉정'은 수용으로, '속죄'는 선함으로 표현했습니다.

OO님은 '평화'에 따라 선한 삶을 지향합니다. 주위 사람들에게 따뜻하고, 잘 맞추며, 순리대로 살아가지만 이런 선한 마음이 스스로 한계를 넘어서면 부정적 사회 성향으로 변형됩니다. 많은 것을 인내하며 행하는 OO님의 선함이 사람들에게 왜곡되고, 마음대로 OO님을 좌지우지하는 상황이 오면 반대로 냉정해져 '내 마음대로', 그들이 '원하지 않는 방향'으로 나를 표출합니다. 하지만 이런 반대되는 행동을 하면서도 내면에 죄의식을 갖고 속죄하는 마음을 지닙니다. 행동이 거칠어지는 만큼 마음속 속죄의 마음이 커져 스스로 견디기 힘듭니다.

하지만 OO님의 '긍정'은 거친 행동을 선한본성으로 회복하는 힘을 줍니다. 깊은 생각과 반성으로 본래 모습을 찾고자 합니다. 이를 위해 원하지 않지만 주어진 환경을 받아들이는 '수용'의 마음을 갖습니다. 하지만 이때 '신념'에 따른 OO님의 원칙이 작용합니다. OO님의 생각과 판단 기준에 맞을 때는 수용하지만 그렇지 않을 때는 거부합니다. 하지만 세상 사람들은 저마다 다른 생각과 기준을 갖고 있기에 나와 다른 상황 속에서 다른 생각과 기준을 갖고 있는 것을 수용하는 것이 필요함을 기억합니다. 또한 나와 타인의 생각과 기준을 깊이 생각하며 나의 수용의 기준이 되지만, 수용할 수 없는 부정적인 상황에서는 현실과 상관없는 다른 무엇인가에 깊이 빠져들어 헤어 나올 수 없게 만듭니다. 일종의 회피 상황이라고 할 수 있습니다. 이것이 abyss의 상태를 의미합니다.

OO님의 '긍정'은 좋아하는 사람들과 편안한 상황에 놓여 있을 때 재미있어 하는 긍정적 힘을 갖습니다. 반복되는 지겹고 힘든 현재 상황을 회전목마로 표현한 것은 이런 나의 유머본성에서 나온 단어입니다.

OO님의 '평화, 긍정, 독특함, 신념'은 OO님에게 주어진 귀한 탈렌트이지만, 뜻대로 살 수 없는 현실 속에서 'abyss, 회전목마, 냉정, 속죄'라는 사회적 성향으로 바뀌면서 동시에 고통과 스트레스의 원인이 되기도 합니다.

3. 자료 분석 방법

이 연구에서는 질적 연구 방법론 중에서 코빈과 스트라우스(Cobin and Strauss)의 근거이론 연구방법을 사용하였다. 코빈과 스트라우스의 근거이론 연구방법은 다음과 같은 단계로 이루어진다.

첫 번째 단계는 인터뷰, 문헌 등 다양한 자료를 개방하는 작업을 시행한 후, 중요한 현상들을 개념화한다. 두 번째 단계는 연구자가 여러 현상을 추상적인 범주로 묶는 범주화 작업을 수행하고, 이를 통해 범주의 속성과 차원을 파악한다. 세 번째 단계는 개방 코딩을 통해 자료를 다시 구성하여 범주들을 하위 범주와 연결하는 축 코딩을 수행한다. 이때 질문을 통해 현상의 조건적 맥락을 이해하기 위해 노력한다. 네 번째 단계는 선택 코딩으로, 연구자는 주요 범주를 통합하여 핵심 현상을 발견한다. 선택 코딩을 통해 연구주제를 설명할 수 있는 이론적 틀을 제시하며, 다양한 가설을 제안할 수 있고 정교화를 거쳐 새로운 이론을 도출할 수 있다.

■ 유앤아이 본성 분석 도구 연구 결과

1. 개방 코딩

본 연구는 개인의 본성을 기반으로 고통과 스트레스의 원인을 탐구하고, 이를 공동체적인 관점에서 해결책을 찾기 위한 방법에 관해 살펴보고자 면담을 진행하였다. 이를 근거이론에 입각하여 분석하였고, 그 과정을 통해 300개의 단어를 중심으로 의미 있거나 중요한 부분에 집중하여 100개의 단어를 도출한 1차

범주화 작업을 진행하였다. 그 결과는 〈표1〉과 같다.

〈표1〉 개인의 본성을 나타내는 단어에 대한 범주화

나를 나타내는 기본 단어의 1차 범주화	나를 나타내는 기본 단어의 2차 범주화
안쓰러움, 소신, 강제적, 나약함, 회복력, 속죄, 달콤 쌉싸름함, 츤데레, 마음대로, 자신감, 긍정, 섬세함, 열정, 책임감, 한계, 동경, 동감, 종교, 선생님이라는 직업, 심연, 냉정, 회전목마, 나를 비워주는 산, 나를 채워주는 음식, 신앙, 운동, 열심, 봉사, 희생, 과묵, 무모한 믿음. 이룰 수 없는 꿈. 화려한 새벽, 도전, 유머, 정, 지성, 지혜, 특별함, 몽상, 호기심, 사명, 독립, 신중, 사려 깊음, 부정, 여유, 활발한, 재미, 임기응변, 바른 삶, 원칙주의, 행복, 상냥, 따뜻함, 두려움, 회피, 친절, 온유, 사색, 감성, 예민, 불안, 상처, 좌절, 노력, 의지, 끈기, 근성, 포기, 계획적, 최선, 선, 너그러움, 보편적, 무욕, 단순, 본능, 고집, 외골수, 에고이스트 감성, 신념, 견고함, 기쁨, 정직, 사랑, 연민, 함께, 공감, 배려, 포용, 외로운. 안정, 부드러운, 우유부단, 즐거운, 재미있는, 나 중심적, 차분한, 객관적, 계획적, 분석적, 걱정, 추진력, 화, 자기주도적, 지친, 성공, 성장, 칭찬, 불확실성, 상상력, 오픈 마인드, 창의성, 개성, 다양성, 유연함, 인정, 책임, 정성, 강함, 유연함, 인내, 책임, 도덕, 정의, 의리, 도전, 사랑, 책임, 평화, 배려, 유연함, 불안, 성찰, 수용, 선함, 최선, 단순, 사랑, 신중, 불안, 활발함, 온유, 친절, 개발, 너드	관계, 행복, 상냥한, 따뜻한, 친절, 온유, 너그러움, 기쁨, 정직, 사랑, 유연함, 평화, 배려 유연함, 수용, 선함, 정, 연민, 함께, 공감, 외로운, 안정, 부드러운, 포용
	책임 노력, 의지, 끈기, 근성, 최선, 사명, 본능 인내, 성실, 재미난, 편안함 즐거움, 여행, 쉼, 마음대로
	이성, 냉정, 츤데레, 지성, 지혜, 계획적, 감성, 섬세함, 정성 예민한, 행동, 강제적, 강함, 차분한, 객관적인, 분석력, 걱정, 추진력, 강제적, 화, 자기 주도적, 감성, 우울
	열정, 운동, 열심, 도전, 활발한, 인정, 동경, 긍정 자신감, 유머, 여유, 단순한, 회복력, 임기응변, 포기, 무난한, 보편적, 무욕, 신념, 종교, 신앙, 봉사, 희생, 무모한 믿음. 속죄, 거짓말 심연, 신중, 사려 깊은, 사색, 성찰, 과묵, 바른 삶, 원칙주의, 고집, 외골수, 에고이스트, 신념, 견고함, 정의, 의리, 도덕, 소신, 자유, 호기심, 독립, 독특한, 달콤 쌉싸름함, 특별함
	부정적, 한계, 이룰 수 없는 꿈, 몽상, 안쓰러움, 나약함, 두려움, 회피, 불안, 상처, 좌절, 두려움, 무기력, 포기, 갈등

1차 범주화한 단어를 유사하거나 공통적인 의미를 나타내는 단어들로 축약하여 75개로 하위 범주화하였다. 이렇게 나타난 하위범주 중 연관된 개념을 묶어 총 15개의 상위범주를 구성하였다. 그리고 15개 범주를 중심으로 서술적이며 분석적인 스토리라인을 구성했다. 코딩의 범주는 〈표2〉와 같다.

<표2> 개인의 본성을 나타내는 단어에 대한 개념 범주화

하위범주	상위범주	핵심범주
사랑, 선한, 따뜻한, 정, 연민, 행복, 관계, 함께, 공감, 배려, 포용, 외로운, 평화, 안정, 유연한, 부드러운, 수용, 우유부단	하느님을 닮아 소중한 존재인 인간은 누구나 사랑을 지닌 존재, 공동체 안에서 함께 살아가는 관계적인 존재, 서로의 평화를 위해 공존하는 존재로서의 본성을 지님	보편적 본성인 사랑, 평화, 관계 본성
책임, 사명, 인내, 끈기, 성실, 노력, 즐거운, 재미있는, 편안한, 쉼, 자기 중심적	공동체 안에서 함께 평화와 행복을 이루기 위해 자신의 책임을 다해야 하는 존재인 동시에 본능적으로 편안함을 추구하는 본성을 지님	책임과 편안함 본성
이성적, 차분한, 객관적, 계획적, 분석적, 걱정, 행동적, 강한, 추진력, 솔직한, 자기 주도적, 화, 감성적, 정성, 감동, 섬세한, 예민한, 우울	보편적인 존재로 책임을 다하기 위해 자신의 생각과 행동을 주도하는 기본적인 에너지 본성을 지님	에너지 본성인 이성, 감성, 행동 본성
열정, 흥미, 열망, 활기찬, 도전, 지친 인정, 명예, 성공, 성장, 칭찬, 불확실성 긍정, 단순한, 유머, 여유, 자신감, 낙천적 원칙, 일관성, 신중한, 윤리적, 고지식 자유로움, 융통성, 상상력, 독립적, 오픈 마인드, 답답함 독특함, 호기심, 창의성, 개성, 다양성, 직관력	보편성과 달리 개인마다 특별한 탤렌트가 있으며, 이는 자신의 강점인 동시에 관계 안에서 단점으로 작용할 수 있음.	탤렌트 본성인 열정, 인정, 긍정, 신념, 자유, 독특함 본성
부정성, 회피, 무기력, 포기, 갈등, 불안	탤렌트로서의 본성이 공동체 안에서 사회적 성향으로 변화되어 자신을 힘들게 하는 부정성향으로 나타나게 됨	사회적 성향으로서의 부정 본성

2. 축 코딩

개인의 본성을 나타내는 단어의 인과적 조건과 중심 현상, 그리고 맥락적·중재적 조건 및 상호작용 전략과 결과 간의 관련성을 축 코딩으로 살펴보면 〈그림1〉과 같다.

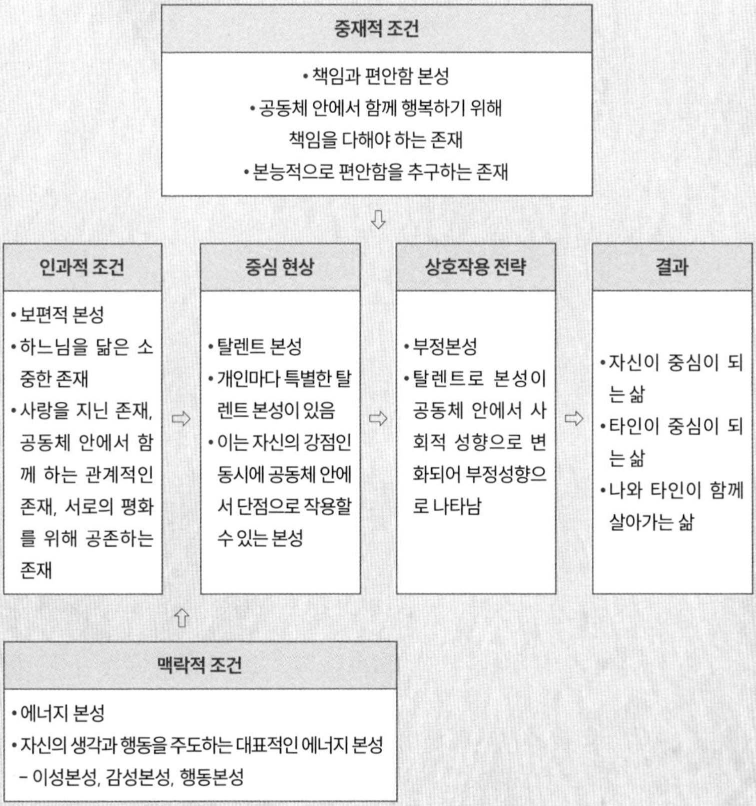

중재적 조건

- 책임과 편안함 본성
- 공동체 안에서 함께 행복하기 위해 책임을 다해야 하는 존재
- 본능적으로 편안함을 추구하는 존재

인과적 조건	중심 현상	상호작용 전략	결과
• 보편적 본성 • 하느님을 닮은 소중한 존재 • 사랑을 지닌 존재, 공동체 안에서 함께 하는 관계적인 존재, 서로의 평화를 위해 공존하는 존재	• 탈렌트 본성 • 개인마다 특별한 탈렌트 본성이 있음 • 이는 자신의 강점인 동시에 공동체 안에서 단점으로 작용할 수 있는 본성	• 부정본성 • 탈렌트로 본성이 공동체 안에서 사회적 성향으로 변화되어 부정성향으로 나타남	• 자신이 중심이 되는 삶 • 타인이 중심이 되는 삶 • 나와 타인이 함께 살아가는 삶

맥락적 조건

- 에너지 본성
- 자신의 생각과 행동을 주도하는 대표적인 에너지 본성
  – 이성본성, 감성본성, 행동본성

〈그림1〉 코빈과 스트라우스의 축 코딩 패러다임

(1) 인과적 조건

개인의 본성을 나타내는 보편적인 단어로는 사랑, 관계, 평화와 관련된 단어들을 주로 선택하였다. 이는 이론적 배경에서 설명한 인간의 본질적 본성과 매우 유사함을 알 수 있다. 따라서 이 마고 데이에 따라 인간은 하느님을 닮은 소중하고 사랑을 지닌 존재, 공동체 안에서 함께 살아가는 존재, 또 공동체 안에서 서로의 평화를 위해 공존하는 존재임을 이해하고 인식할 수 있게 했다. 이에 따라 유앤아이 프로젝트는 공동체 안에서 사랑, 관계, 평화의 본성이 서로 상호작용하여 우리가 함께 성장하고 행복해지는 것을 제안한다.

① 사랑본성

토마스 아퀴나스 성인은 사랑의 체험은 다른 사람을 자기 자신과 함께하는 존재로 여기고 그에게 관심을 쏟는 움직임이라 말하며, 이 모든 것은 존중과 인정에서 시작한다고 했다. 또한 그리스도께서는 우리를 위하여 피를 흘리셨고, 따라서 그 어느 누구도 보편적 사랑에서 제외되지 않는다는 사실을 믿고 있다.

이처럼 우리 모두는 선하고 소중한 존재로서 사랑본성을 갖고 있다. "저 사람이 정말로 사랑본성을 갖고 있는 걸까?"라는 의문이 생기는 사람조차 사랑본성을 갖고 있다고 믿는다. 다만 자라온 환경으로 인해 그 사랑이 제대로 표현되지 못하거나 왜곡되어 나타나는 경우라고 생각한다. 우리는 자신이 원하는 만큼 충분한 사랑을 받지 못했거나 현재 사랑이 충족되지 않을 때 사랑본성이 잘 드러나지 않을 수 있다. 부모님으로부터 충분한 사랑을 받지 못했다고 느끼거나 혹은 부모님의 사랑이 내가 원하는 사랑의 모습과 맞지 않았다면 내면에서 사랑의 부족함을 느끼기 때문이다.

사랑본성 안에서 연민은 타인에 대한 깊은 이해와 고통을 함께 나누는 마음이다. 힘들어하는 사람을 외면하지 않고 진심으로 다가가 기꺼이 그 고통을 함께 나누고자 하는 마음이다.

② 관계본성

우리 주위에는 주변에 깊은 관심을 갖고 자신이 해야 할 일에 애쓰는 사람과 주변에 무관심한 채 자신이 하고 싶은 일에 집중하는 사람이 있다. 관계본성은 혼자 있는 것 혹은 함께 있는 것을 좋아하는 선호도와 관련된 것이 아니라 우리는 항상 공동체와 연결되어 있으며 개인의 행복 또한 공동체의 행복과 연결되어 있음을 강조하는 본성이다. 공동체 안에서 서로 공감하고 배려할 때 온전히 행복할 수 있다고 믿는 마음이다.

사랑본성은 잘 드러나는데 관계본성이 드러나지 않는 경우는 주는 사랑보다 받는 사랑에 익숙한 경우일 수 있다. 이는 자기중심적인 사랑을 의미한다. 자기중심적인 사랑은 이기적인 마음과는 달리 사랑하는 사람을 위해 최선을 다하지만 상대방이 원하는 것이 아닌 자기방식대로 사랑하는 것을 의미한다. 이러한 태도는 오히려 상대방을 힘들게 하고 상처를 줄 수 있다. 나는 상대방을 공감하고 배려한다고 생각하지만 나 중심적인 경우 상대방은 나의 배려와 공감을 느끼기 어렵기 때문이다.

③ 평화본성

평화본성은 사랑본성과 관계본성이 조화롭게 어우러져 우리가 함께하는 공동체와 그 구성원들의 평화를 추구하는 마음을 의미한다. 평화는 아름답지만 평화를 이루는 과정은 힘들고 치열하다. 따라서 자신의 내적 평화를 희생하지 않으면서 모두의 평화를 이루는 조화가 중요하다. 이러한 조화는 무리한 시도나 지나친 강요를 하지 않으면서 자유롭게 인간다움을 실천하는 상태를 의미한다. 이는 이상적인 평화보다는 일상의 삶에서 타인을 공감하고 배려하는 마음에서 시작한다.

평화는 다양한 의미를 가지고 있지만 본성에 따라 '불안이 없는 안정적인 상태'나 '갈등이 없는 편안한 상태'를 나타낸다. 이러한 안정과 편안함이 깨어질 때 내재된 불안본성이 드러나면서 어려움을 겪게 된다. 따라서 힘들 때에는 일시적으로 '거리두기'와 같은 조절 방법이 필요하며 그렇지 않을 경우 오히려 공동체 안에서 관계의 갈등과 단절로 이어질 수 있음을 기억한다.

(2) 맥락적 조건

보편적인 본성을 통해 개인의 특성을 이해하고, 인간을 사랑과 관계의 중심에 두며 평화를 추구하는 존재로서 인식했다. 이러한 본성들이 어떻게 상호작용하며, 개인이 생각하고 행동하는 주도적 힘이 어떻게 작용하는지를 맥락적 조건에서 살펴보았다.

주도적 힘이 되는 에너지 본성에는 이성과 사고에 중심을 두는 이성본성, 행동과 실천에 중심을 두는 행동본성, 감성과 관계에 중심을 두는 감성본성이 있다. 물론 이성, 행동, 감성 본성이 조화롭게 발휘되는 것이 가장 이상적이지만 종종 한 가지 본성이 두드러질 때가 있다.

① 이성본성

이성본성을 가진 사람은 판단력과 사고력을 활용하여 일과 관계에서 논리적으로 접근하는 것을 선호한다. 업무를 차분하고 계획적으로 처리하고, 문제 해결 시에는 객관적이고 분석적인 방식을 선호하는데, 이러한 효율적인 해결방식은 감성 본성을 가진 사람에게 위로가 필요한 경우 의도치 않게 상처를 줄 수 있다.

이성본성 안에서 '걱정'은 모든 상황을 완벽하게 검토하도록 고려하는 성향이다. 따라서 계획했던 일들을 실제 행동으로 옮기기 어렵게 만들 수 있다. 이러한 걱정은 내면에 머무르며 겉으로 드러나지 않아 주변 사람들이 쉽게 인지하기 어렵다. 걱정을 선택한 경우 평소에 걱정이 많은 성향이거나 혹은 현재의 상황이 예상대로 이루어지지 않아 힘든 상황임을 나타낸다.

② 감성본성

감성본성을 가진 사람이 일과 관계를 시작하기 위해서는 우선 마음이 움직여야 한다. 그들은 정성을 다해 다른 사람에게 다가가고, 이에 대해 자신과 상대방 모두 감동받기를 원한다. 타인의 감정과 연결되며 그들의 필요와 감정에 섬세하고 예민하게 반응한다. 반면에 이성본성을 가진 사람은 감정을 헤아리기보다 객관적·분석적으로 판단하고, 행동본성을 가진 사람은 솔직하고 강하게 행동하기 때문에 감성본성을 가진 사람은 의도치 않게 상처받고 우울해질 수 있다. 따라서 이러한 차이를 충분히 이해하고 존중하는 마음이 필요하다.

감성본성 안에서 우울은 원하는 대로 되지 않아 힘들 때 나타나는 감정으로, 우울은 행동본성에서 '화'와는 달리 내면의 문제로 머물게 된다. 따라서 주변 사람들의 세심한 배려와 이해가 필요하다.

③ 행동본성

행동본성을 가진 사람은 이성본성을 가진 사람에 비해 계획한 일을 실천하는 능력이 뛰어나다. 자신의 결정에 자신감을 가지며 주도적으로 행동하는 특징이 있다. 또한 그들은 스트레스를 참기보다 바로 표출하여 버럭 화를 내는 경우가 많지만 오래 가지는 않는다. 추진력이 강한 행동본성의 사람은 계획적이며 분석적인 이성본성의 사람과 협력하면 상호 간에 시너지를 발휘할 수 있다. 반면에 섬세하고 예민한 감성본성의 사람과는 서로 힘들어하는 경향이 있다.

행동본성에서 '솔직함'은 '강함' 또는 '자기 주도적'인 단어와 관련이 있다. 자기 주도적으로 관계나 일을 추진하면서 다른 사람과 의견이 다를 경우 불편함을 느끼고, 그 불편함에 대해 솔직하게 자신의 의견을 표현하는 것을 의미한다. 자신은 거짓이나 숨김이 없이 진심으로 말하지만, 이는 타인에게 상처를 줄 수 있다. 따라서 자신의 솔직함이 진심으로 상대방을 위해 꼭 필요한 말인지 그리고 친절한 말인지, 아니면 나의 불편함을 없애기 위한 마음이 우선인지 깊게 생각하는 것이 필요하다.

(3) 중심현상

사랑, 평화, 관계의 보편적 본성이 상호작용하는 과정에서 각자의 이성, 감성, 행동의 에너지를 주도적으로 발휘함으로써 때로는 조화롭게, 때로는 특정 본성을 우선적으로 활용하여 자신의 생각과 행동을 실천하고 있음을 관찰할 수 있었다. 이러한 보편적 본성을 기반으로 각자의 에너지 본성이 작용하는 과정에서 자신만의 탈렌트 본성이 어떻게 작용하는지 중심현상을 통해 살펴보겠다.

① 열정본성

열정본성은 자신이 좋아하고 흥미로운 일에 열망을 갖고 활기차게 도전하는 마음을 의미한다. 열정적으로 바쁘게 보내는 시간이 다른 사람들이 보기에는 힘들어 보일 수도 있지만 자신에게는 오히려 힘이 되며 삶의 회복력을 높여준다. 열정본성은 에너지본성의 행동본성과 함께 할 때 적극적으로 추진하는 시너지 효과를 갖는다.

열정에 따라 좋아하는 일을 하며 인정받을 때에는 행복하지만, 상대적으로 원하지 않는 일을 해야 할 경우 무기력 상태에 놓일 수 있다. 열정본성에서 '지침'은 열심히 해서 지치기보다 원하지 않은 일을 지속적으로 해야 하거나, 하고 싶은 일을 하지 못해 지친 상태를 의미한다.

② 인정본성

인정본성을 가진 사람은 자신이 열심히 노력한 만큼 인정받기를 원한다. '칭찬은 고래를 춤추게 한다'는 말처럼 칭찬과 인정은 이들에게 꼭 필요하고 중요한 말이다. 노력한대로 명예와 성공을 얻고 지속적으로 성장하기 위해 애를 쓴다.

명예와 성공을 위한 노력에도 불구하고 원하는 인정과 칭찬, 그리고 기대한 결과를 얻지 못할 경우 불확실성이 자신을 힘들게 한다. '내가 제대로 하고 있는 걸까?' '기대한 만큼 잘 할 수 있을까?'라는 불확실성은 좌절감을 불러일으키기도 하지만 동시에 성장을 위한 지속적인 동기부여가 되기도 한다.

③ 긍정본성

긍정본성은 유머 있게 사람들을 긍정적인 분위기로 이끌며, 힘든 상황에서 여유를 갖고 낙천적인 생각으로 긍정성을 회복할 수 있도록 자신감을 심어주는 소중한 본성이다.

긍정본성은 스트레스 상황에 직면할 때 무의식적으로 그 상황을 차단하고 일단 회피하려는 경향이 있다. 의식적으로 잠을 자거나 즐거운 일을 찾아 여유를 찾으려고 한다. 스트레스 상황에서 물러나 잠시 휴식을 취하는 시간이 필요하지만 동시에 문제에 직면하여 해결하기 위한 용기도 필요하다. 갈등 상황에서 자신은 이미 문제가 해결되었다고 여기지만 상대방은 아직 그렇지 않다고 생각하며 더 큰 스트레스 상황을 만들 수 있다. 복잡한 문제를 자신의 방식으로 단순화하며 수용하지만 이 과정에서 회피라는 사회적 성향이 나타날 수 있음을 염두에 두어야 한다.

④ 신념본성

신념본성을 가진 사람에게 신념이란 자신의 삶에서 지키고 따라야 할 소중한 가치이자 원칙이다. '윤리적'이라는 단어의 의미대로 마땅히 지켜야 할 도리이다. 신념에 따라 열심히 살아가는 사람은 종종 '나 같으면' 혹은 '당연히' '어떻게 그럴 수 있지?' '이해할 수 없어'라는 표현을 자주 하곤 한다. 스스로 신념에 따라 신중하게 애를 쓰며 일관성 있게 노력하기 때문이다.

신념본성은 양면성을 갖고 있다. 자신이 신념에 따라 애쓰는 만큼 타인에게도 똑같은 기준을 적용하며 판단의 틀이 되기 때문이다. 자신이 지키고자 하는 신념이 공감 받지 못할 경우 사람들에게 고지식하거나 원칙주의자로 여겨져 관계에서 스트레스의 원인이 된다. 진정한 의미에서 '신념의 기준'이란 무엇일까? 삶의 모습이 다르듯이 사람들 또한 저마다 다른 생각과 기준을 갖고 있음을 인정하는 것이 중요하다. 그렇지 않을 경우, 신념 본성은 타인과의 갈등이라는 사회적 성향으로 나타나게 된다.

⑤ 자유와 독특함 본성

자유와 독특함 본성은 노력으로 얻기 힘든 타고난 매력을 지닌 본성이다. 특히 독특함 본성은 에너지 본성과 함께할 때 탁월한 업무 능력을 발휘할 수 있다. 자유와 독특함 본성의 특성상 관계와 책임본성이 함께하기 쉽지 않지만 이 두 본성들과 조화를 이룰 수 있다면 더 큰 시너지 효과를 통해 탁월한 능력을 펼칠 수 있다.

자유와 독특함 본성이 많은 사람은 자신이 '하고 싶은 일'을 하며 자유롭고 독립적인 삶을 살고 싶지만 동시에 책임본성에 따라 '해야 할 일'을 하는 것이 필요함을 알고 있다. 이러한 이중 욕구는 답답함을 느끼며 회피와 무기력, 그리고 포기라는 사회적 성향으로 이어질 수 있다. 자유와 독특함 본성을 가진 사람이 모든 것을 뒤로 하고 자신만을 위한 선택을 하는 것이 다른 사람들에게 무책임하게 보일 수 있지만 그들에게는 새로운 시작을 위한 절실한 선택일 수 있음을 이해하는 것 또한 필요하다.

(4) 중재적 조건

공동체 안에서 보편적 본성에 따라 각자의 주요 에너지 힘과 탈렌트 본성이 상호작용을 하고 있지만 상황에 따라 부정적인 사회적 현상으로 나타나는 상황을 경험하게 되었다. 이를 위한 중재적 조건으로 우리의 책임과 편안함 본성에 관해 살펴보겠다.

① 책임본성

우리는 공동체 안에서 서로를 지켜주며 공동선을 향해 함께하는 존재이다. 공동선을 위한 책임본성은 강요가 아닌 자유의지로 선택하는 마음이며, 이때 자유의지는 올바른 타자성과 공동체성을 우리에게 요구한다.

　반면에 편안함 본성은 해야 할 일에 대한 책임보다 본성적으로 편함을 선호하거나 반대로 자신에게 주어진 책임의 무게가 너무 커서 잠시 벗어나 편안함을 선택하고 싶은 마음을 나타낸다.

② 편안함 본성

편안함 본성은 책임을 다하며 힘들게 애쓰기보다 즐겁고 편한 것을 선호하는 본성이다. 인간의 본성은 즐겁고 편한 선택을 선호하는 경향이 있다. 가능하다면 우리는 편한 길을 선택하고 싶다.

폴 발레리는 '생각하는 대로 살지 않으면 사는 대로 생각하게 된다'고 했다. 유앤아이 프로젝트 관점에서 '생각하는 대로 사는 것'은 공동체 안에서 주위에 관심을 갖고 '해야 할 일'을 하며 함께 살아가는 삶을 의미하며, '사는 대로 생각하는 것'은 자신에게 집중하며 본능에 따라 '하고 싶은 일'을 하며 사는 삶을 의미한다.

(5) 상호전략

중심 현상의 탈렌트 본성은 상황에 따라 사회적 현상으로 변화할 수 있음을 발견했다. 이 변화는 종종 본래의 탈렌트 본성을 벗어난 부정적인 측면으로 나타날 수 있지만 책임감과 편안함 본성은 중재적 조건으로 이러한 상황을 조절하는 데 중요한 역할을 한다.

이러한 변화는 과거의 나 자신에 중심을 둔 삶에서 벗어나 공동체적 삶을 위한 노력의 시작점으로 볼 수 있다. 이는 또 다른 중요한 시작점이기도 하다. 따라서 자신의 어려운 상황을 인지하고 수용하며 균형을 맞춘다면 언제든 본래의 선한본성을 회복할 수 있다.

① 회피

회피는 주로 편함본성, 긍정본성, 자유본성에서 해야 할 일을 하고 싶지 않을 때 드러나는 사회적 성향이다. 자신이 회피하고 있음을 인지하는 것이 가장 중요하며 문제의 원인을 인지하고 다시 직면하는 용기가 필요하다.

② 무기력

무기력은 책임본성에서 과한 책임의 무게로 힘들어질 때, 열정본성에서 하고 싶은 일을 하지 못해 힘들 때, 긍정본성과 자유본성에서 하고 싶지 않은 일을 지속적으로 해야 할 때 드러나는 사회적 성향이다.

③ 포기

포기는 책임본성에서 자신에게 주어진 책임의 무게를 더 이상 감당할 수 없을 때 나타난다. 이때 자신을 자책하거나 죄책감을 느낄 수 있기 때문에 스스로 '괜찮아, 충분히 잘 하고 있어'라고 위로해주는 것이 필요하다. 자유본성에서 포기는 하고 싶지 않은 일을 지속하여 더 이상 견딜 수 없을 때 나타나는 성향이다.

④ 갈등

책임본성에서 포기하고 싶을 때 내면에서 죄책감과 함께 드러나며, 평화본성에서 모두의 평화를 위해 우유부단을 선택할 때 내면에서 갈등이 일어난다. 반면에 행동본성과 신념본성에서 자기중심적 생각을 타인에게 강요할 때에는 주로 외부적인 관계에서 갈등이 나타난다.

⑤ 불안

불안은 평화본성에서 평화의 상태가 깨질까 두려울 때 혹은 인정본성에서 불확실성이 지속될 때 드러나는 사회적 성향이다.

(6) 결과

우리는 개인이 자신을 나타내는 단어의 분석을 통해 이전에 알지 못했던 자신의 모습을 공동체 관점에서 발견하는 경험을 했다. 이 경험은 우리 안에 내재된 15가지 본성의 특성과 그들 간의 상호작용을 바탕으로 본성에 따른 자신의 생각과 말과 행동의 동기와 성향을 새롭게 이해하는 과정이었다. 이를 통해 크게 세 가지 유형의 삶으로 분석할 수 있었다.

① 자신이 중심이 되는 삶

대부분의 사람들은 본성에 따라 자신이 중심이 되어 살아가려는 경향이 있다. '자신이 중심이 되는 삶'은 내 마음대로 사는 삶과 다르지만 모든 중심에 내가 있어 자신이 원하는 대로 다른 사람들을 변화시키려는 특징을 지닌다.

　'자신이 중심이 되는 삶'에는 두 가지 형태가 있다. 하나는, 열심히 노력하면서 자신의 생각이 절대적으로 옳다고 확신하는 경우이고, 다른 하나는, 자신의 본성만을 충실하게 따르며 살아가는 경우이다. 어느 경우에도 노력한다는 것은 힘든 일이지만 두 경우 모두 주변 사람들이 자신 때문에 더 힘들어질 수 있다는 것을 인지할 필요가 있다. 또한 '사랑, 관계, 책임 본성'을 포함하는 보편적 본성은 자신이 중심이 되어 행한다면 결코 다른 사람들과 함께하는 마음이 아니라는 것을 인지해야 한다.

② 타인이 중심이 되는 삶

'자신이 중심이 되는 삶'과는 달리 자신은 거의 없고, 주위의 요구에 맞춰 살아가는 삶을 의미한다. 주어진 상황과 환경에 따라 자신의 본성이 거의 드러나지 못한 채 내재된 상태로 살아가는 경우이다.

　이러한 경우 부정본성에서 탈렌트 본성보다 사회적 성향이 주로 나타난다. 자신의 희생으로 주변 사람들은 덜 힘들 수 있지만 이 모든 것을 감당해야 하는 자신은 점점 더 힘들어진다. 따라서 자신의 타고난 선한본성을 알고 회복하는 과정이 꼭 필요하다.

③ 나와 타인이 함께하는 삶

나와 타인이 함께하는 삶이란 내 뜻과 상대방의 뜻을 함께 고려하여 균형을 이루는 조화로운 삶을 의미한다. 나의 본성만을 따르기보다 공동체의 성장과 행복을 위해 나에게 부족한 본성을 보완하며 애쓰는 삶이다. 이 과정에서 우리는 서로의 힘듦을 이해하고 나누며, 공감과 배려의 마음으로 서로를 수용하게 된다.

3. 선택 코딩과 핵심범주

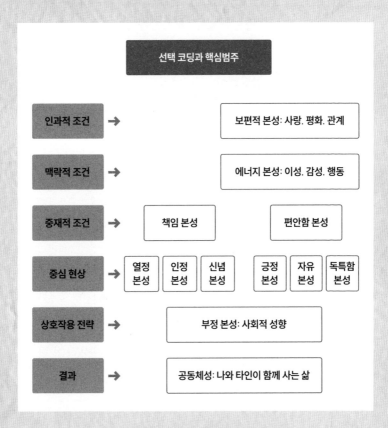

<그림 2> 선택 코딩과 핵심 범주

■ 결론

우리는 주어진 고통을 극복하기 위해 먼저 자기 자신을 깊이 이해하고, 이를 위해 인간의 본성과 존재의 이유를 탐구하며 그에 따른 성찰과 회복 과정이 필요하다는 것을 깨달았다. 자기 이해의 핵심은 삶의 의미를 깨닫고, 타인을 이해하며 포용하는 시각을 넓히는 것이다. 가톨릭 교육의 시각에서는 공동체성을 중시하며, 이를 통해 인간의 자아를 이해하고 성찰하는 과정을 탐구하고자 했다.

이를 위해 우리는 '자신을 표현하는 단어'를 통해 인간의 본성을 살펴보았다. 인과적 조건에 따르면 가톨릭 인간학적 관점에서 인간은 하느님을 닮아 사랑과 평화의 본성을 지니고 태어났으며, 본질적으로 관계성을 갖고 태어났음을 알 수 있었다. 이를 바탕으로 각자가 고유한 탈렌트 본성을 갖고 있어 삶의 중심 현상을 이루고 있었다. 이 중심 현상을 이루기 위해 맥락적 조건에 따라 자신만의 중심 에너지를 중점적으로 사용했다. 그러나 현실적으로는 많은 사람들이 자신의 선한본성을 온전히 드러내지 못한 채 사회적인 영향으로 변형되는 경우가 많았다. 이러한 상호작용 전략을 위해서는 책임과 편안함 본성이라는 중재적 조건이 필요함을 알게 되었다. 이 과정을 거쳐 우리는 결과적으로 공동체적 삶의 중요성을 깨닫게 되었다.

　함께 사는 삶이란 서로의 뜻을 함께 고려하여 조화를 이루는 것이며, 이는 공동체의 성장과 행복을 위해 나의 부족한 본성을 보완하며 애쓰는 삶이다. 이를 위해 우선 나의 본성을 알고, 타인의 본성을 이해하며 이들이 어떻게 상호작용하는지를 명확히 인지해야 한다. 이러한 자기 이해와 사랑은 서로에 대한 이해와 공감으로 이어지며, 서로를 이해하고 배려하는 마음으로 함께 성장할 수 있게 된다.

지은이

박재신
서강대 영문과를 졸업하고 같은 대학 교육대학원에서 석사학위(교육학)를 받
았다. 현재 가톨릭 대학원 박사과정(가톨릭교육학 전공) 중이며 가톨릭대학교
성인학습센터 연구원으로 재직 중이다. 지은 책으로는 『서로와 모두를 위해』
(공저)가 있고, 유앤아이 프로그램 개발자이다.